[日] 大岛祥誉——著
Sachiyo Oshima
朱悦玮——译

麦肯锡笔记术

図解でわかる！マッキンゼー流　仕事がはかどるノート術

北京时代华文书局

图书在版编目（CIP）数据

麦肯锡笔记术 /（日）大岛祥誉著；朱悦玮译．— 北京：北京时代华文书局，2020. 10（2024.11 重印
ISBN 978-7-5699-3477-9

Ⅰ．①麦…　Ⅱ．①大…　②朱…　Ⅲ．①工作方法－通俗读物　Ⅳ．① B026-49

中国版本图书馆 CIP 数据核字 (2020) 第 189937 号

Zukai de Wakaru! McKinsey ryu Shigoto ga Hakadoru notejutsu by Sachiyo Oshima.

Original Japanese edition published by Takarajimasha, Inc.
Simplified Chinese translation rights arranged with Takarajimasha, Inc.
Through Hanhe International(HK) Co., Ltd.China.

北京市版权局著作权合同登记号 图字：01-2020-0983

拼音书名 | MAIKENXI BIJISHU

出 版 人 | 陈　涛
策划编辑 | 周　磊
责任编辑 | 周　磊
责任校对 | 陈冬梅
装帧设计 | 程　慧　迟　稳
责任印制 | 訾　敬

出版发行 | 北京时代华文书局 http://www.bjsdsj.com.cn
北京市东城区安定门外大街 136 号皇城国际大厦 A 座 8 层
邮编：100011　电话：010-64263661　64261528
印　　刷 | 河北京平诚乾印刷有限公司　010-60247905
（如发现印装质量问题，请与印刷厂联系调换）
开　　本 | 880 mm×1230 mm　1/32　　印　　张 | 4.5　　字　　数 | 83 千字
版　　次 | 2021 年 4 月第 1 版　　印　　次 | 2024 年 11 月第 16 次印刷
成品尺寸 | 145 mm×210 mm
定　　价 | 39.80 元

前　言

著名的麦肯锡咨询公司（以下简称麦肯锡）作为全世界独一无二的智库，一直活跃在商务活动的第一线。麦肯锡的“毕业生”们有的成为管理顾问和大企业的经营者，还有的成为教育家和政治家。麦肯锡的管理顾问在入职研修结束后立刻就会被派往工作现场参与项目，在实战中学习解决问题的思考方法和逻辑思维能力。

在解决问题的思考中，必不可少的要素就是麦肯锡独特的笔记术。麦肯锡的笔记术绝非普通的做笔记或者会议记录的方法，而是“解决问题”“加深思考”的技巧。只要掌握了这种笔记术，就相当于掌握了麦肯锡的思考方法，不仅能提高自己分析信息和将信息结构化的能力，还能提高工作成果的品质。对于经常因为“表述缺乏说服力”“思考不够深入”“论点不准确”等问题而苦恼的人及希望更进一步提高工作品质的人来说，这绝对是非常有效的技巧。

《麦肯锡笔记术》是为了让更多的人都能够掌握“加深

思考、解决问题”的笔记术，尽可能地用通俗易懂的语言进行解说。这种笔记术并不复杂，只要掌握了正确的方法，任何人都能取得效果。请大家利用本书最后的练习题和自己的笔记本，试着解决自己工作中遇到的问题吧。

本书介绍的这种笔记术，适用于各行各业，甚至连家庭主妇和学生也可以通过这种笔记术来解决身边的问题。希望本书能够帮助大家掌握灵活运用笔记的方法，提高大家的工作效率和生活品质。

目　录

第一章　麦肯锡笔记术的基础

第二章　逻辑思考的笔记术

第三章　整理思考的笔记术

第四章　整理心灵的笔记术

练　习

第一章

麦肯锡笔记术的基础

发现适合自己的笔记本的方法

选择“适合自己”的笔记本

虽然本书介绍的是“笔记思考”的重要性，但在本书中并没有关于“应该使用什么样的笔记”的具体要求。只要是能够刺激大脑思考、提高思考能力的笔记，就是适合自己的笔记，因为笔记的作用就是将自己大脑里思考的内容提取出来进行整理。所以永远要把实用性放在第一位来考虑，绝对不能因为价格便宜就选了一个用起来不方便的笔记本。同样，只要是自己用起来舒服的笔记本，就算价格很便宜也没问题。

现在市面上销售的笔记本种类繁多。从尺寸来区分有B4

大小的、A6大小的，还有B6大小的。从纸张厚度来看，有纸张很厚的，也有纸张很薄的。从内页来看，有带横线的，有带格子的，还有完全空白的。

虽然笔记本有很多种类，但哪一种适合自己只有自己知道，所以大家只能凭借自己的感觉来进行选择。

刚开始接触笔记思考的人，推荐 B5 大小以上的笔记本

对于坚持了10年以上“笔记思考”的人来说，“合适的笔记本”拥有以下特点：B5大小、厚度适中、纸质柔软、内页有虚线或横线。之所以连纸质都有要求，是因为擅长笔记思考的人会发挥自己的五感来选择笔记本。当然，他们并非在刚开始尝试“笔记思考术”的时候就已经选好了这种类型的笔记本。他们也是在经过各种各样的尝试之后，才找出最适合自己的类型。我认为这种不断尝试永不妥协的态度也非常重要。也有人在掌握“笔记思考术”，并且经过不断尝试之后，最终选择了和自己手掌大小差不多的笔记本。但对于

刚刚接触笔记思考的人来说，我并不推荐太小的尺寸。一般来说，能够放在桌子上对思考进行整理的笔记本的尺寸最好在B5以上。这种尺寸的笔记本便于记录更多的内容，还可以有适当的留白，最适合加深思考。

在使用笔记本时充分利用五感

锻炼思考能力不能只在大脑中进行。除了使用笔记本时“手”的动作之外，我们还需要将五感都充分地利用起来。因此，“在这个笔记本上写字，是否能让自己的思考变得更加顺畅”也是需要考虑的重要因素。选择笔记本，就是选择自己的思考搭档，选择陪伴自己成长的重要伙伴。大家不妨带着这样的想法来挑选笔记本吧。

三种不同类型的笔记本使用方法

在这里，我将“笔记思考”的笔记本使用方法大致上分为三种类型。大家可以思考一下自己比较接近于哪种类型，这样在选择笔记本的时候也会更有目的性。

● A类型（将多个笔记本分别使用的类型）

根据使用目的准备多个专用笔记本，区别使用的类型。

▸ 将日程表笔记本（比如A5大小）和企划用笔记本（比如A3大小）区分使用。

▸ 将归纳用笔记本（比如B5大小的方格笔记本）和分析用笔记本（比如A4大小的横线笔记本）区分使用。

▸ 将随身笔记本和办公笔记本区分使用。

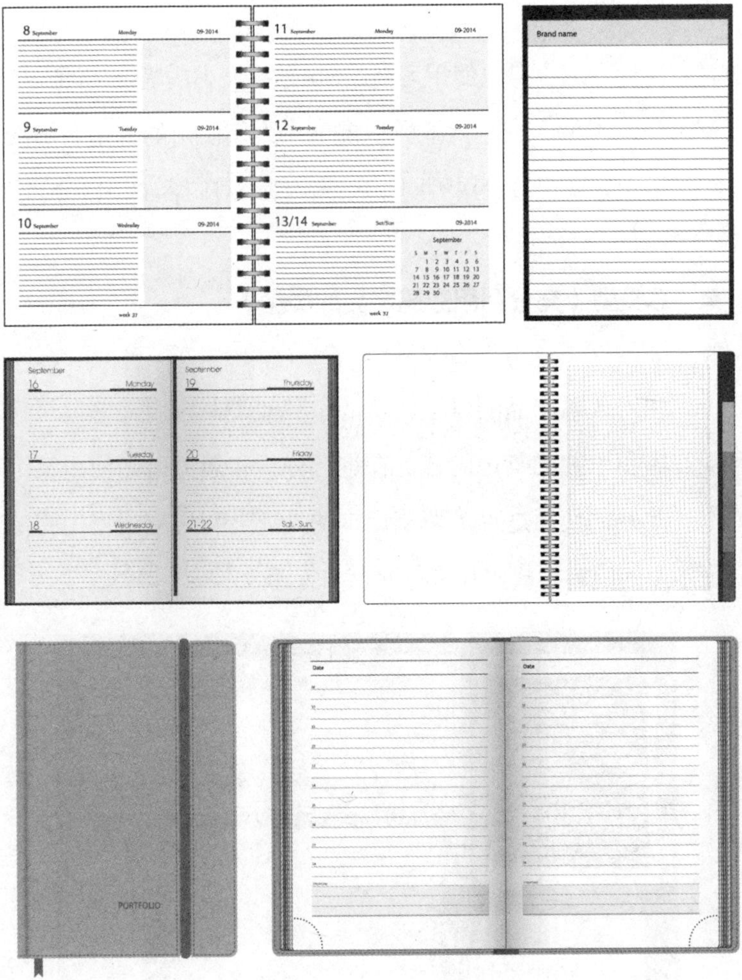
Brand name
PORTFOLIO

- **B类型（一个笔记本全搞定的类型）**

用一个适合自己使用习惯的B5或A4大小的笔记本涵盖所有用途的类型。在绝大多数情况下，人们使用的都是有横线的笔记本。使用者会用不同颜色或字体来对内容加以区分。

- **C类型（充分利用数码产品的类型）**

利用数码产品的日程表功能和其他类似应用程序记录日程安排和单纯的笔记内容，在进行分析和思考时则使用笔记本。此外，使用这种类型笔记本的人还会利用应用程序将笔记本上的内容拍成照片进行保存与管理。

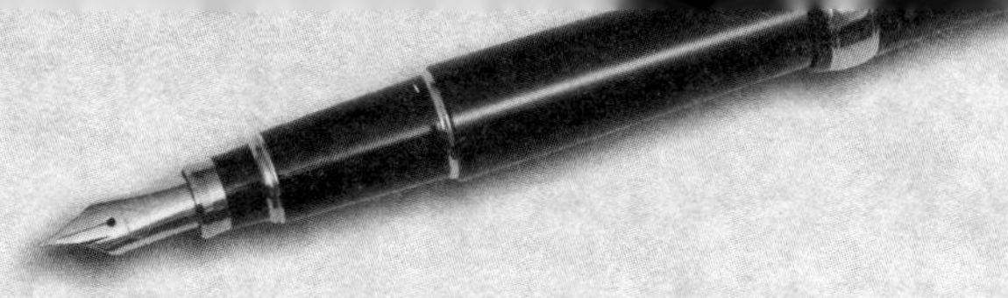

为什么要充分利用笔记本？

为了“解决问题”使用笔记本

在商务活动中最重要的事情是什么？相信在绝大多数的情况下答案都是“取得成果”吧。而在解决问题（取得成果）的过程中，笔记本发挥着至关重要的作用。通过充分利用笔记本，可以让我们发现“真正的问题”及“推动工作进展的关键”。这也是在商务活动中应该充分利用笔记本的最主要的原因。

因此，在解决问题的时候请千万不要忘记充分利用笔记本。

比“解决办法”更重要的是发现“真正的问题”

在商务活动中，最重要的是搞清楚“问题”是什么。只有明确了“问题”是什么，我们才能开始思考“解决办法”。可能有人认为，“问题已经很清楚了，关键在于找出解决办法”。但事实上，有时候我们以为的“问题”并不是“真正的问题”。因此，在商务活动中首先应该找出什么是“真正的问题”，也就是所谓的“定义问题”。

另外，为了找出解决问题的办法，“将问题结构化”也十分重要。

在“定义问题”和“将问题结构化”的过程中，笔记本能够给我们提供巨大的帮助。

“定义问题”与笔记本之间的关系

● 不同次元的两个问题

在“定义问题”的时候，先要知道“问题”其实包括不同次元的两个问题：一个是能够直接看见的问题，另一个则是自己根据其应有的状态设定的问题。

能够直接看见的问题，是很容易被发现的“已经发生的问题”。比如，现在有一个新上市的A产品。当A产品的销量不佳时，从“价格太高”“销售人员太少”等角度思考“如何让A产品成为畅销品”，就属于“已经发生的问题”。

而自己设定的问题则是不容易被发现的“真正的问题”。在这种情况下，当A产品的销量不佳时，从“这款产品是否没有充分发挥我们的优势”的角度思考“是否应该生产能够发挥我们优势的产品”，就属于符合应有状态的“真正问题”。

● 利用笔记术找出“真正的问题”

能够直接看见的问题虽然可以立即应对，但就像“按下葫芦浮起瓢”一样，还会换一种形式重新出现，属于“被动型”问题。与之相对的是，根据应有状态自己设定的问题，需要我们自己去探索，属于“主动型”问题。

因为“被动型”问题能够直接看见，所以把握起来相对容易。麦肯锡笔记术对应的主要是需要我们自己探索的“主动型”问题。要想发现那些无法直接看见的问题，利用笔记本进行归纳和总结十分必要。

“将问题结构化”与笔记本之间的关系

所谓将问题结构化，简单说就是将“真正的问题”重新整理为更便于自己理解的形式。也可以说是将“真正问题”的“结论”“理由（解释、意义）”“作为根据的事实”都表示出来。比如，导致“A产品销量不佳”的真正问题是“没有充分发挥自身的优势”，城市地区销量情况不理想的原因是将销售资源分散到了本就销量不高的乡村地区。在这种情况下，为了得出“结论（假设）”，就需要在笔记本上寻找“理由（解释、意义）”和“作为根据的事实”。

写笔记的过程也是对思维进行整理的过程。将大脑中的信息、关键词，以及由灵感、预测、思考等产生的内容用文字表述出来，可以加深思考，将问题结构化。

◎结论（假设）

▸ 将销售资源集中在城市地区的专卖店中可以提高销量

◎作为根据的事实

▸ 每位顾客在专卖店中停留的平均时间比在超市更长

▸ 点名购买的顾客多

▸ 要求打折的顾客少

◎理由（解释、意义）

▸ 希望得到认真接待的顾客会来到专卖店

▸ 解答顾客对产品的疑问能够提高顾客的购买意愿

▸ A产品也有忠实的顾客群体

“思考”之后立刻“行动”的做法是错误的

要想解决问题，“思考”非常重要。但很多人在“思考”的行为结束之后，立刻就开始解决问题的“行动”。我觉得这样做有点操之过急。因为匆忙间“思考”的结果，只能得出表面的结论。要想找出真正的解决办法，就必须在“思考”和“行动”之间留出足够的时间，让思考更加深入。

在“思考”结束，开始“行动”之前，还需要“对思考进行整理”和“建立假设并加以验证”。在这种情况下，笔记本是不可或缺的工具。笔记本可以帮助我们将问题结构化，加深对问题的理解。

将自己的思考通过“语言”或者“文字”表达出来，能使我们摆脱混沌的状态，使思考更加接近本质。

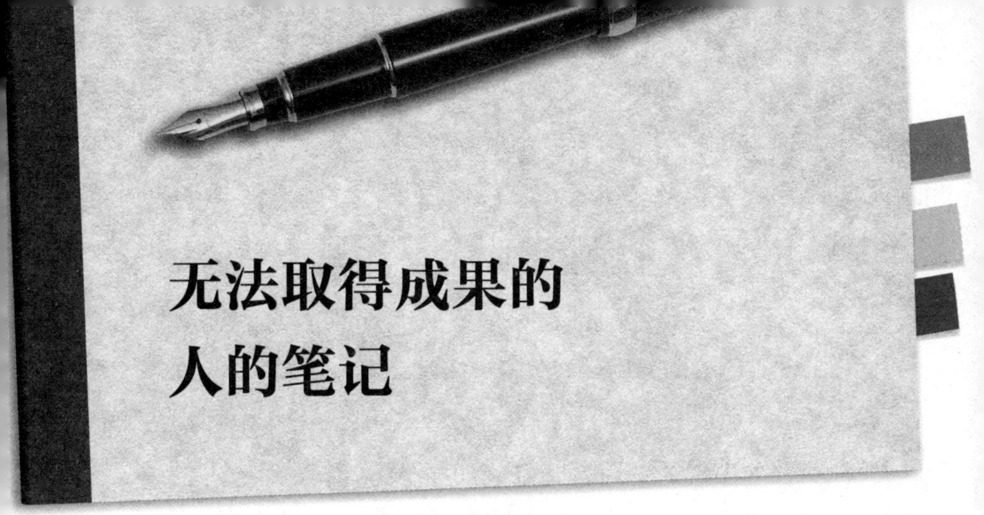

无法取得成果的人的笔记

改变自己对笔记的认知

相信有很多人都在工作中使用笔记。但正如笔记的字面意思一样，只是单纯地使用而已。能够充分利用笔记的人恐怕少之又少。

根据我的观察，很多人对“笔记”的认识都是错误的。明明很认真地使用笔记，却总是无法取得成果进而解决问题，这样的人在使用笔记时，都具有以下四个特征：

· 第一反应是做记录；

· 像记流水账一样记录内容；

· 将思考胡乱地写下来；

· 用很多颜色，看起来花里胡哨。

如果以“不管怎样，先记录下来”的态度使用笔记，那么就永远也无法在工作中将笔记充分利用。

比如在使用笔记时，心里想的是“现在想到的这件事，将来可能用得上”“为了不忘记这件事先记录下来”“将需要汇报给上司的内容记录下来以防忘记”，对于这样的人来说，“记笔记”这种行为或许能够给他带来一种完成工作的满足感。但这样做完全不能称得上是充分利用笔记。

这样使用笔记的人所缺少的，是“利用笔记让思考更加深入”的态度和决心。可能有人觉得用“决心”这个词太小题大做了，但对于单纯地使用笔记的人来说，首先应该改变的就是对笔记的认知。

只是将头脑中的信息写在笔记本上没有任何意义

“将大脑中思考的内容在笔记本上写下来”，这是正确的使用笔记本的方法吗？虽然将大脑中的信息在纸上写出来的做法是正确的，但很多人在将信息写出来之后就已经满足了。但是，充分利用笔记本的关键在于接下来的事项，那就是将写在笔记本上的内容再次输入大脑里，进行更加深入的思考，然后将深入思考后的结论再写出来。只有做到这一点，才能称得上是充分利用笔记本。

将想到的事情“单纯地”记录下来

有人会用随身携带的笔记本将想到的事情都记录下来。对于从事某些创造性工作的人来说，或许会采用这种使用笔记本的方法。但这样做只不过是将想到的内容记录下来而已。让笔记本成为能够自己解决问题的“活的笔记本”，才是我们应追求的“笔记术”。

不要掉进“看起来很漂亮”的陷阱

有的人的笔记本用了很多种颜色和字体，看起来非常漂亮。“用不同的颜色记录不同的信息，这样看起来一目了然”，“字写得漂亮一些，自己在看的时候也能更有满足感”。我们经常能看到这样的笔记使用技巧。

虽然这些技巧并非毫无意义，但从解决问题的角度来看，对解决问题的帮助并不大。五颜六色的笔记本或许看起来很漂亮，也会给自己带来一种愉悦感。但这种愉悦感与“深入思考、解决问题”之间缺乏必然的联系。当然，在加深思考时需要刺激自己的情绪，让自己激动起来，在这种情况下选择自己喜欢的颜色也是一种有效的方法。

常见的“无法取得成果”的笔记

●将想到的事情记录下来（无法取得成果的笔记例1）

东京商事（第四次拜访）
负责人：石田

·最近太阳能电池板的需求增加
·明年3月吉田部长退休
·石田的儿子9月出生

·计划9月导入田端安防系统
·该公司召开免费的说明会推介即将使用的系统

·没有打印复印一体机、相关耗材的需求
·没有追加购入电脑的需求
·没有更换员工用移动电话的需求

·石田为我介绍了东京设计的办公室负责人
·后天电话联系

没有对市场需求增加进行进一步分析

单纯的记录

没有打听继任者的信息

没有对自身应对方法的分析，也没有对顾客满意度进行调查

没有与自己公司产品之间的比较和客户订购原因

没有写明失去订单的原因，也没有与竞争对手之间的比较

没有写明介绍的原因，也没有写明对方的需求

●只是看起来很漂亮
（无法取得成果的笔记例2）

宝物旅游（第三次拜访）
广告负责人：坂下

现在的刊登媒体
《旅游月刊》（杂志）
谷歌旅游（网页）
《东京经济新闻》（报刊广告）

活动计划
9月参加旅行节活动
11月举办年终优惠活动

需求
面向20多岁年轻人的媒体
能够引起20多岁年轻人共鸣的内容

不过，能让自己有满足感的话，也是可以的

商务笔记的基本 1

先写结论

“结论放在最前面”是不可改变的法则

你在写报告书的时候，有没有人告诉过你“先写结论”？或者你可能在很多商务书籍上看到过“将想要表达的内容放在最前面”之类的话。没错，将想要表达的内容放在报告书和提案书的开头部分非常重要。

如果是悬疑小说或者搞笑故事，将结论和笑点等真正想要表达的内容放在最后比较好。但在商务活动中，追求的是提高工作的品质和效率。所以，最好的办法是将想要表达的信息和结论放在开头部分。

为了找出应该放在开头部分的“信息”，“笔记思考”尤为有效，那么应该怎么使用笔记最合适呢？答案是时刻保持“总括”意识。这也是加深“笔记思考”的关键。

要想提出有说服力的提案，“总括化”必不可少

一般来说，“总括”的意思是总结、概括。但这里所说的“总括”具有更深层次的意义。

以大量的“事实”和“解释”为基础进行“提案”的框架在管理顾问的世界中被称为金字塔结构。金字塔结构能够将信息总结成简单易懂的形式，使对方瞬间理解你要表述的意思。而“总括”可以说和金字塔结构有异曲同工之妙。“总括”是提出“有说服力的提案”时必不可少的过程。为了得出结论，必须将到目前为止得到的信息“结构化”。

当今时代，“总括”的重要性与日俱增。现代人可以通过脸书、推特等社交媒体和邮件，将自己想要表达的信息轻而易举地告诉别人。因此，“总括”的能力具有极高的价值。此外，在让自己的信息通俗易懂的同时，还要使之有“吸引力”。

现代社会如同信息的海洋，自己发出的信息很容易被海量的其他信息淹没。为了能够引起对方的注意，将重要的信

息准确地传达过去，“吸引力”非常重要。

同时，为了提高让信息更加通俗易懂的“总括化”的能力，就必须在使用笔记的时候保持“结构化”的意识。

将“结论”放在最前面的原因

在前文中，我为大家说明了根据“事实”得出“结论”的过程。通过这个过程得出的“结论”，不能放在资料的最后，而应该放在最前面。将自己想要表达的内容，同时也是对方想要知道的内容放在最前面，可以让对方对你的结论一目了然。这样一来，如果你的资料内容中有与结论矛盾的地方，就会立刻被对方注意到。另外，按照这个顺序阅读，还可以检查支撑结论的“解释”与“事实”是否合理。

在笔记本上写出“标题”，使自己保持问题意识

将“结论”“解释”“事实”写在笔记本上对其进行提炼和整理的时候，在页面的左边写出“标题”非常重要 。

比如我们要思考“提高西服量贩店销量的措施”这个问题，首先应该将这句话换成更容易导出结论的疑问句。当我们面对疑问句的时候，大脑会自然而然地开始思考答案。上述问题的疑问句就是：“来西服量贩店的顾客有什么需求？”将这个疑问句作为标题写出来，就可以促使我们按照这个方向来进行思考。

商务笔记的基本 2

一页一个主题

信息“一页一个”

当你翻开笔记本的时候，首先要遵守的规则就是“一页一个主题”。在一页上只写一条想要表达的信息。

有的资料在一页上表达了很多条信息，还有的资料用好几页来表达一条信息。但对这些资料进行分析后就会发现，在这些信息中很多是没必要的信息或者同一条信息的重复，真正重要的信息往往被放在了最后。而且由于缺乏深入的思考，很多信息都没有经过严格的筛选，还有很多信息与主题缺乏关联。

这样的资料会让读者难以把握想要表达的信息。因为废话太多，反而无法将真正想要表达的信息告诉给对方。结果不仅没能达到表达信息的目的，甚至还可能让别人对你的能力产生怀疑。

通过动手来找出事物的本质

找到事物根本问题的解决方法应该如同行云流水一般，没有丝毫拖沓和冗余。信息越是言简意赅，越能够直达对方的心灵。但要想真正做到这一点，没有任何捷径可走。只能亲自动手，充分利用笔记本和“笔记思考”。这一点至关重要。

刚开始做笔记的时候，很可能只是文字的罗列。事后重新阅读时，会发现其中80%以上都是废话。但只要坚持“笔记思考”，不停地动手做笔记，最终一定能够找到事物根本问题的解决方法。即便是聚集了大量精英的麦肯锡，也没有人一开始就能认清问题的本质。将手当作第二个大脑，通过做笔记这个手部的动作，就能拨开大脑中的迷雾，找出问题的本质。

在这个时候，也要牢记“一页一个主题”的规则。比如思考“提高销量的对策”这个问题的时候，你可能会想出许多种解决办法和假设。在利用笔记本对自己的思考进行整理时，也要按照“一页一个主题”的规则分别进行思考。在一页上只传达一条信息。

提高工作效率

在解决问题的过程中，我们可以利用笔记将“结论”及其“理由”和“作为根据的事实”通俗易懂地总结出来，当验证全部结束之后，将进行结构化的这本笔记重新命名（内容基本不变，只需要取一个名字），就可以直接作为汇报资料提交上去。这样做不仅可以提高工作效率，还能避免出现行动与成果之间的偏差。

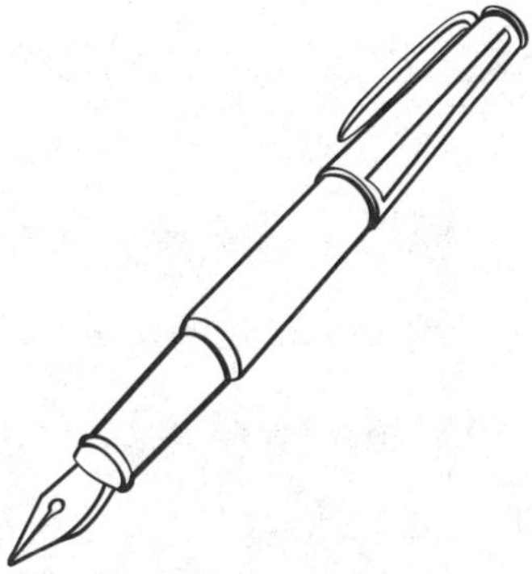

根据基本规则进行概括

儿童服装量贩店提高销量的措施
顾客对儿童服装量贩店的需求 是像大型超市一样的便利性和安心感
1. 品牌没有成为顾客选购的理由 →与品牌相比更重视材料的安全性（80%） →与品牌相比更重视剪裁的舒适性（78%） →与品牌相比更重视功能性（71%） 2. 提高接待品质并不能提高销量 →顾客不希望店员打扰自己悠闲地选购商品（90%） →店员主动介绍商品会使顾客产生戒备心理（85%） →店员长时间接待顾客会使顾客产生心理压力（80%） 3. 店铺对顾客来说需要改进的地方 →顾客难以找到自己想要的商品（76%） →顾客只逛不买时不好意思进店（85%） →试衣间太小不便于顾客陪孩子进去试衣（72%）
顾客调查表 n=250

商务笔记的基本 3

利用“5W2H”来做笔记

在利用“总括笔记”对思考进行整理的时候，关键在于将内容“具体”地写出来。也就是说，将“什么时候”“什么人”“什么事”“怎么做”这些内容尽可能地用具体的语言描述出来。因为语言越具体，越容易与行动联系起来。比如，“让会议更加活跃”这种表达方式，就让人搞不清楚什么是“活跃”，应该换成“取消午后会议，改成晨间会议”这样落实到具体行动上的表达方式。

人类是不落实到具体行动上就无法打开行动开关的生物。

如果想让自己的想法变得更加清晰，就将想法尽可能具体地写出来。这样一来，你就会发现自己的想法中存在哪些问题以及应该做出怎样的改进。

利用笔记来对思考进行整理，就相当于健身时对“核心肌肉群”进行锻炼。只要核心肌肉群锻炼好了，身体的动作就会自然、顺畅。利用笔记对思考进行整理的话，不管面对什么样的问题，都能建立起“清晰的思考逻辑”。

在对大脑的“核心肌肉群”进行锻炼时，“5W2H”的框架能够发挥巨大的作用。

“5W2H”指的是以下内容：

Why	为什么？
What	什么事？
When	什么时候？
Who	什么人？
Where	什么地方？
How to	怎么做？
How much	多少数量？

我们可以想象自己的目的，然后利用“5W2H”进行思考。

【目标】3个月内售出50辆汽车。

接下来我们需要思考以下内容：

Why	现有顾客中有部分人在3个月后即将购车满10年
Where	东京都世田谷西部地区
What	向现有顾客进行推销
When	本月最后一个星期五之前（还有28天）
Who	自己
How to	登门拜访（事先打电话联系沟通）
How much	300位顾客

在利用“5W2H”对事物进行思考时，也不能忽视对目标达成后的想象。如果将关注的重点都放在300位顾客和日期上，就容易使人忘记工作本来的目标。有这样一个故事，有人问正在做同样工作的两名工匠：“你们在做什么？”其中一个人回答：“我在砌墙。”而另一个人回答：“我在修建教堂。”

要想使自己取得更多的成果，具体地想象目标达成后的状态也十分重要。尽可能具体地想象出成功之后的情景，比如自己成功达到销售目标后得到公司的表彰，或者拿到奖金去休假。这种兴奋的情绪可以使我们在面对工作时充满能量。

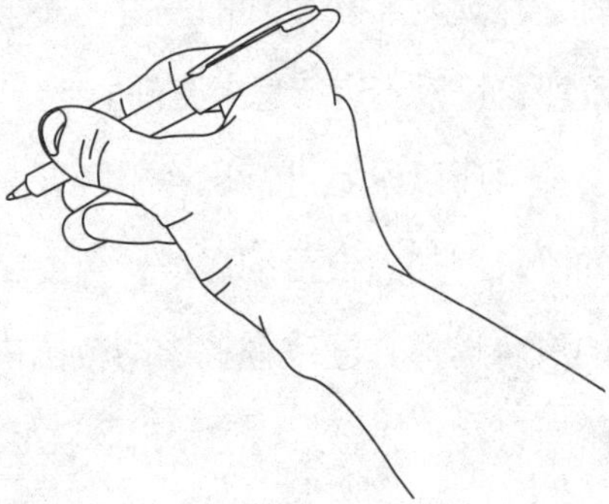

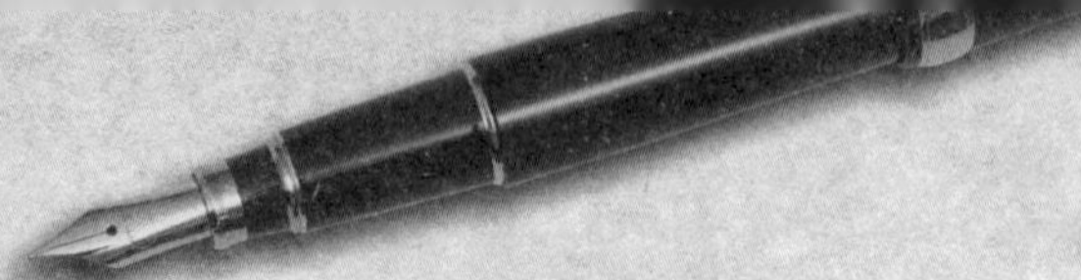

商务笔记的基本 4

边写边想、边想边写

首先不假思索地写出来

“麦肯锡笔记术”的关键在于创造出一个利用笔记对自己的思考进行整理，使思考更加深入，最终解决问题的流程。但在使用这种方法之前，还需要另一种使用笔记本的方法。那就是在现场将获取到的信息“不假思索”地写出来。在这个阶段，可以不进行思考整理。

之所以说不进行思考整理，是因为如果在现场收集信息的阶段就加入自己的思考，可能会因为自己的判断影响信息的取舍选择，导致在狭隘的范围内看待问题。所以，在这个阶段只要不假思索地动手记录就好。

收集信息时，对方不经意间的一句话可能就隐藏着解决问题的巨大线索。所以，用夸张一点的说法，要带着不怕把手累断的决心，一字不差地将信息全部记录下来。然后以这些宝贵的资料为基础，利用“解决问题的笔记思考”来寻找解决办法。

从动手开始“思考之旅”

在写笔记的时候，不用一开始就想着要写得工工整整。笔记的关键在于是否能够让自己对其进行思考。思考并非只能在大脑中进行，在笔记本上一边动手一边展开思考也十分重要。开始思考能够使我们的思维变得更加敏锐，产生新的思考。将手上的动作和大脑的思考结合起来，可以使自己的思考达到前所未有的深度。

用身体加深思考

当我们要记忆事情的时候，毫无疑问要用到大脑。思考也需要大脑。如果要进行复杂的思考，或者要长期记住某些事情，那就需要尽可能地将大脑的许多部分都利用起来。

但要将“只用大脑记忆”和“用身体记忆”两者相比的话，后者需要用到的大脑部分更多。这是因为当我们要记住身体动作的时候，需要用到控制肌肉运动的大脑基底核和小脑的“神经网络”。利用身体处理过的记忆更加牢固。比如骑自行车，只要学会了骑自行车，身体就会一直记住骑自行车的方法，不管过了多少年，也一样会骑自行车。

用手写笔记的行为也需要用到大脑更多的部分，因此有助于加深思考和巩固记忆。

将处于混沌状态的信息“索引化”

我们大脑中的思考如果不加以整理，处于近似“混沌”的状态。许多要素杂乱无章地混合在一起，使我们很难在有需要的时候将想要的信息准确地提取出来。

大家有没有过这样的经历：“之前想出了一个好点子，现在却怎么也想不起来了。但我记得确实想到了……”我就经常出现这样的情况。要想仅凭记忆找出当时想到的灵感，恐怕非常困难。但如果我们用笔在笔记本上将记忆的碎片拼凑起来，就可以使思考变得完整。笔和笔记本就像时光机，帮我们取回了遗失在过去的东西。

将我们大脑中处于混沌状态的思考整理得规规矩矩，让需要的信息能够被准确地提取出来的过程被称为“索引化”。通过将大脑中的思考用笔写出来，就可以使其变成一目了然的索引。

比如在现场收集到的信息和会议记录，如果不加以整理就处于混沌的状态。但通过建立索引，对这些信息进行整理之后，这些信息就会变成“可以使用的信息”。

“思考的重复运动”可以帮助我们找回重要的记忆

利用“时间”“地点”或者“事实”“意见”等分类来将处于混沌状态的信息“索引化”。索引的分类项目可以根据自己的需求来决定，比如前文中介绍过的“Where”（问题在哪里）、“Why”（原因）、“How”（对策）的分类。总之，不要将信息杂乱无章地保存在自己的大脑里，而要将其“索引化”。

将大脑中的信息索引化之后写在笔记本上，然后再将笔记本上的内容放回大脑思考。这种思考的重复运动能够将思考和记忆的碎片拼凑完整，帮助我们取回重要的记忆。

我们常说“思考训练很重要”，但思考训练不能只在大脑中进行。在思考的同时用笔在笔记本上做记录，将这两种行为组合在一起才称得上是“能够取得结果的思考训练”。

边写边想、边想边写，请养成这种思维习惯。或许在习惯养成之前，你会感觉有些别扭，但只要坚持下来，你一定能切实地感觉到自己思考的深度增加了。

商务笔记的基本 5

适度留白

充分发挥留白的魔力

你在写笔记的时候属于全部写满的类型，还是适当保留空白的类型？如果你属于后者，而且是有意而为之，那说明你具备成为一名职场精英的潜质。即便写的是完全一样的内容，但有留白的笔记能更迅速地被读者所接受。这就是“留白”的魔力。

只要实际对这两种笔记进行一下对比就会很清楚地发现，让人感觉“一目了然”的是拥有适度留白的笔记。所谓“一目了然”，其实就是更容易被大脑接受。在每一段之间留出一行以上的空白，可以增强各个段落的存在感，也更便于读者理解其中的意义。此外，在开始下一段之前用留白来空出一行，还可以给读者留出回味前文的时间，有助于加深思考。

在人的审美意识中就有“留白之美”。留白的部分可以将正式内容衬托得更有存在感。留白是能够让心灵得到放松的东西，而心灵的放松有助于刺激大脑，使思考更加深入。

留白能够激发想象力

在记忆法中，有一种“写小字加强记忆”的方法。通过在一页纸上用小字写满同一个单词，来牢牢将其记住。将一页纸全都写满，在某种意义上来说确实看起来魄力十足，也会给自己带来满足感。这种方法对于单纯的“记忆”来说或许具有一定的效果。但在对思考进行整理和加深思考的时候，这就不是一种好办法了。

“笔记思考”的作用是加深思考，增加想象。在笔记本上适当留白，毫无疑问能够起到增加想象的效果。

比如广告传单之类的东西，有的能够让人过目不忘，有的则难以给人留下深刻的印象。简洁的信息和适度留白，可以让人瞬间理解广告传单要传达的内容，并且促进读者的思考，自然而然地联想到使用这个商品或服务时的场景：“买了这个，房间里的氛围会变得更好”“把这个作为礼物，他一定会很高兴吧”。在整页上都印满内容的宣传单虽然看起来很有气势，但难以给人留下深刻的印象。

留白的关键在于“适度”

我在前文中特意强调“适度留白”，是因为留白的关键就在于“适度”。“留白的部分太多使人感觉空空如也”的版式就不能被称为“适度留白”。这样做不仅会给人留下一种散漫的印象，还难以将想要传达的内容表现出来。更重要的是，这样也会使读者产生松懈，导致思考停滞。

这种为了凑行数而故意留出的空间与“简单易懂”相去甚远，当然也无法增加思考的深度。因此，在留白的时候必须仔细思考，只在有必要留白的时候才留白。

段落间适度留白也是一种信息，正如前文中提到过的那样，能够使读者更加深入地思考，这才是“适度留白”。

让笔记本中出现美丽的“小宇宙”

即便在遵循“一页一个主题”“最大限度发挥每一页效果”规则的前提下，也要注意适度留白。

通过“留白之美”，能够展现出“存在之美”。京都龙安寺的石庭中著名的“枯山水”就是最好的示例。虽然实际上庭院中并不存在水流，却通过小石子和沙砾展现出了山水的风景。

优秀管理顾问的笔记本中，仿佛存在着一个“小宇宙”。就像龙安寺诞生出了“枯山水”这个小宇宙空间一样，我们也可以通过留白，在一页资料中创造出一个美丽的“小宇宙”。

专栏
1

关于MECE

MECE是“Mutually Exclusive Collectively Exhaustive”的简称，意思是“相互独立，完全穷尽”，原本属于项目管理中的概念。近年来，逐渐被广泛应用于商务活动中。MECE能够针对“时间”“空间”“功能”等一个次元，进行无重复、无遗漏的分类，比如有“时间上MECE”的说法。在笔记术中利用逻辑树等工具思考“Why So? ”“So What? ”的时候，MECE可以帮助我们提高精度，加深思考。但太过拘泥于MECE会导致思考停滞，这一点需要注意。

MECE的示例（以人为例）

- 成年人与未成年人（属于MECE的分类）
- 日本国籍的人和外国国籍的人（不属于MECE的分类）
  在未成年人中有拥有多重国籍的人
- 女性和男性（在户籍上属于MECE的分类）

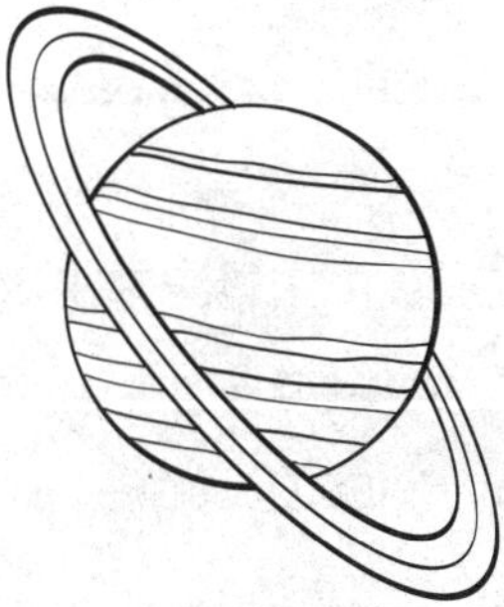

第二章

逻辑思考的笔记术

高品质的工作来自
高品质的笔记

为什么选择麦肯锡笔记术？

在工作、学习和生活中，大家一定有很多机会用到笔记本。或许还有不少人已经养成了使用笔记本的习惯，觉得“我有自己使用笔记本的方法，根本不需要再学什么笔记术”。

那么，大家都在什么样的时候使用笔记本呢？做会议记录时，做课堂笔记时，或者对大脑中的思考进行整理时……每个人都有自己的用法。

但真正带着明确的目的使用笔记本的人恐怕没有那么多。绝大多数的人可能只是将自己觉得重要的信息记录下来，却并没有在大脑中留下深刻的印象，还有的人只是将笔记本作为单纯的记录工具。

我认为这实在是一种浪费。如果能够充分利用笔记本，让我们的工作取得更加优秀的成果，让我们的生活变得更加丰富多彩，这不是很好的一件事吗？所以，我郑重向大家推荐“麦肯锡笔记术”。

众所周知，麦肯锡自成立以来已经帮助世界上诸多知名企业解决了各种各样的问题，进行了大量的改善，是全世界最著名的管理咨询公司。麦肯锡的员工每天面对的问题，就是如何优质高效地解决客户提出的问题。

如果迟迟拿不出解决方案，就会导致企业活动停滞，甚至出现亏损，那么解决方案就失去了应有的意义。所以管理顾问必须尽可能迅速地解决问题。要想做到这一点，就必须消除所有多余的作业。

用极端一点的话来说，就连“拿出笔记本”这个动作也要没有丝毫的无用功，而且对业务的进展具有推动作用。

麦肯锡的管理顾问们使用笔记本的理由在于，笔记本不但能够“帮助解决问题”，还能“磨炼思考能力”。

麦肯锡的笔记术不仅能够帮助加深思考，还能通过对问题进行整理找出真正需要解决的问题，从而使得出解决方案成为可能。

将大脑中的信息进行整理并输出

麦肯锡的笔记术还有一个特点，那就是能够实现某种输出，即工作成果。

笔记术的关键在于找出“真正的问题是什么”“应该改变什么”之类最根本的问题。如果做不到这一点，那么不管页面书写多么工整，颜色多么漂亮，内容多么一目了然，都毫无意义。这样的笔记术只是为了自我满足罢了。本书介绍的笔记术与之完全不同。

笔记本不仅可以将我们大脑中的信息整理出来供自己参考，还可以将这些信息转变为能够与其他人分享的知识。

通过将这些知识与其他人分享，在大家齐心协力的帮助下，工作项目能够取得更大的成果，也一定会让大家对你刮目相看。

顺利解决工作上的问题

麦肯锡笔记术的关键在于，不能将笔记本看作是“对过去信息的记录”，而要将其看作是“让状况变得比现在更好”的“对未来的计划”。

要想做到这一点，我们必须摆脱被动记录的习惯。当拿起笔记本的同时，就要开始思考解决问题的办法。

当然，关于未来的计划不能是毫无根据的猜测。

关于这部分我将在后文中详细说明，总之只要养成利用笔记本整理思考的习惯，不管遇到什么样的情况，都能够顺利地解决问题。

解决问题的笔记术不但能够解决工作上的一切难题，而且连生活中的问题也能够全部解决，让你的人生变得一帆风顺。

不要再单纯地做记录

与只用大脑思考相比，写更加重要

请大家思考这个问题：笔记本存在的意义究竟是什么？

笔记本的用途多种多样，但在所有的用途中存在着一个共同点，那就是“写”这个行为。

比如将笔记本当作备忘录使用的话，就需要将重要的内容全都写下来。为了让自己不会忘记，可能还需要在页面上贴标签，或者用马克笔做记号。但不管怎样，“写”的过程都是必不可少的。

大家在刚入职的时候，有没有过被上司提醒“一定要好好记录下来”的经历呢？像业务流程、知识以及行业动态之类的信息，如果只在大脑里过一遍，以为自己都记住了，但过几天后可能就全忘了，类似这样的情况并不少见。

因此，将重要的信息整理后记在笔记本上的工作是必不可少的。

可能有的人用笔记本只是单纯地做记录，但根据我在麦肯锡学到的经验来看，只用笔记本单纯地做记录实在是一种浪费。

“写笔记”的行为能够帮助我们加深思考，并对思考进行整理，使我们能够牢牢地记住重要的信息，这可能给我们的工作和生活带来巨大的帮助。

写笔记的意义

为什么写笔记如此重要？这首先要从“写”这个动作说起。当我们拿起笔打算写字的瞬间，就会对我们的大脑产生一种刺激。

人类的大脑从功能上来说，可以分为三部分。

首先是对呼吸中枢和自律神经进行调节、维持人类生命的脑干；其次是对人类的食欲、性欲、睡眠欲等各种欲望和喜怒哀乐进行控制的大脑边缘系；最后是控制语言和思考等人类理性活动的大脑新皮质。通过大脑非常复杂的组合作业，人类才能进行思考和记忆。

请大家回忆一下自己的学生时代，有没有过考试之前突击复习，拼命记忆书本中的内容，结果一觉醒来全忘光了，最终考试一塌糊涂的经历呢?

当我们尝试记忆某种事物的时候，位于大脑边缘系的海马体会首先对信息进行过滤，然后将过滤后的信息送往负责记忆的大脑新皮质。因此，有时候我们想要记住的内容可能会被过滤掉导致没有记忆。这在记忆模式中被称为“陈述性记忆”。

与之相对的，还有一种被称为“程序性记忆”的记忆模式。这种模式属于身体记忆的类型，需要用到大脑更深处的“大脑基底核”以及小脑的神经网络。

就像小时候反复练习骑自行车，一旦学会之后就算很长时间没骑，身体也一直记得骑自行车的方法一样，利用身体的行动来帮助记忆，只要记住了就永远也不会忘记。

也就是说，写笔记这种行为，在身体行动的配合下能够使大脑更加活跃，不仅可以加强记忆，还能起到加深思考的作用，可谓是一举两得。

动笔第一，美观第二

看到这里，相信大家都已经了解了充分利用笔记本的好处。那么笔记本要写得越漂亮越好吗？答案是否定的。

可能有很多人觉得，“工作能力优秀的人，笔记本肯定也很工整漂亮”。但是，实际并非如此。在麦肯锡工作的职场精英们，笔记本看上去也并不是十分漂亮，这并没什么问题。

对于管理顾问来说，解决问题永远是工作的首要目的。为了解决问题需要利用笔记本进行许多思考，有时候还需要对思路进行深入挖掘。

因此，即便笔记本的页面乍看上去写得乱七八糟也没关系。与工整和漂亮相比，加深思考和激发出新的灵感更为重要。

笔记本写得杂乱并不意味着大脑的思考杂乱。只要按照解决问题的步骤，不断用笔在笔记本上对思考进行整理，自然会发现解决问题的线索，最后在笔记本上写出既简洁又通俗易懂的解决方案。

如果你能够顺利地解决问题，总有一天你会被周围的人刮目相看，成为一个能够优质高效解决问题的“职场精英”。

什么是
逻辑思考笔记？

不要只用大脑思考，一定要将思考内容写出来

“写笔记”绝不是单纯地对信息进行记录。“写笔记”除了作为锻炼思考能力的工具，使记忆更加准确之外，还能作为解决问题的工具对思考进行整理。

那么，要想解决问题，具体需要怎样的步骤呢？第一步，就是对错综复杂的信息进行整理，找出真正需要解决的问题。

如果思考不够深入，错误地判断了问题的所在，轻则浪费自己和团队的时间与精力，重则可能导致项目失败。为了避免出现这种情况，采用解决问题的笔记术尤为重要。

但解决问题的笔记术并非任何人都能立刻掌握的技巧。为了掌握逻辑思考的能力，让我们先来学习三个巧妙运用笔记本的方法。

建立假设

为了解决问题而拿起笔记本的时候，首先应该注意什么呢？麦肯锡笔记术应该首先思考的是“建立假设”，也就是思考与解决问题有关的“答案”。当然，毫无根据地提出假设没有任何意义。只有根据自己的经验和收集到的信息对假设进行筛选，才能顺利地进行到下一个阶段——“如何解决问题”。

比如，你为了保持身体健康决定每天晚上都跑步1小时，却很难坚持下去，总是三天打鱼，两天晒网……

这究竟是为什么呢？你可能想到很多假设，比如“跑步的时间段”“跑步的方法”“跑步课程”。但你对课程内容很满意，跑步方法对身体也没什么负担。

经过筛选后，假设的焦点集中在“有时候因为加班很晚才到家，感觉很疲惫，一点也不想跑步”。这样就会发现，问题出在“跑步的时间段”上。针对这个问题，接下来就可以推导出“将跑步时间换成每天早晨”或者“坐电车上下班时提前一两站下车”之类具体的假设。

当遇到问题的时候，首先试着提出假设——请务必牢记这一点。

思考应该输出什么

前文中提到的“输出”也是解决问题中必不可少的要素。简单来说，增加自己的知识和经验属于“输入”，将自己的想法表达给上司、同事、下属和客户等其他人就是“输出”。

麦肯锡的最终目标是解决客户的问题，因此管理顾问们在工作过程中要时刻思考最终应该给客户提出什么方案，以及以怎样的方式来提出方案。

在使用笔记本对思考进行整理时也要保持这种“输出”的意识，这样可以使自己距离解决问题更近一步。

按照发展顺序进行思考

麦肯锡笔记术的目的是解决问题以及让未来变得更好。也就是说，需要在对未来可能发生的情况进行预测的基础上找出最佳的解决办法。

而关于未来的线索，事实上就存在于我们的笔记本中。这样的笔记本可以称为“活的笔记本”，用更具体一点的语言来形容，那就是“按照正确的发展顺序进行思考的笔记本”。

要想顺利地解决问题，按照正确的步骤行动非常重要。要想做到这一点，就必须在把握整体情况的基础上，思考事物的发展规律和可能发生的变化。

解决问题的基本步骤简单整理如下所示：“设定问题与确定论点”→“整理课题并结构化”→“现场调查”→“建立假设”→“验证假设”→“确定解决方案”→“执行”。

按照上述步骤使用笔记本，笔记本就会变成以解决问题为主题的剧本，最终带来理想的结局。

像这样在使用笔记本的时候下意识地建立假设、思考最终的成果是什么，并按照发展顺序进行思考，可以使我们养成逻辑思考的习惯，不管面对什么问题都能找到最佳的解决办法。

逻辑思考的笔记术 1

一目了然的标题

搞清楚“问题是什么”

在解决问题时，首先需要搞清楚的就是“问题是什么”。而在我们将思考落实到笔记本上的时候，必须做的第一件事情就是在页面上方留白的部分，写出能够让人一目了然地知道页面内容的“标题”。

可能有人觉得：“写笔记的时候写标题不是理所当然的事吗？为什么还要特意强调一下呢？”

不管是在工作中还是在生活中，我们做的任何事情都是有“目的”的。不过很多时候，我们都会忘记自己本来的目的。

自己究竟想要做什么，想要解决什么？当开始思考这个问题的时候，我们才会意识到自己在不知不觉间已经将最初行动的目的忘得一干二净。

如果连自己的目的都模糊不清，又怎么能找到解决问题的答案呢？

请大家想象一下各种媒体上的新闻。在各种媒体最显眼的地方一般都刊登着当天的重大事件并配以醒目的标题。通过这个标题将当天最重要的内容（或者应该关注的内容）一目了然地呈现在读者眼前。

写标题这个动作，可以使我们有时间去仔细地思考这个问题是否必须立刻马上得到解决以及最重要的问题是什么。

希望大家在写标题之前，先在大脑里对问题进行整理，然后选择最合适的标题，将其写出来。

将真正需要解决的问题筛选出来，这是迈向解决问题的第一步。

“一条信息”且“具体”

什么样的标题才算是好标题呢？如果用一句话来概括，那就是“一条信息”且“具体”的标题。

比如，工作方面“是否应该开创新事业？”“是否应该向市场投放新产品？”，生活方面“是否应该结婚？”“是否应该相亲？”，或者“是否应该入职这家公司？”“是否应该跳槽到那家企业？”“想考资格证书，是否应该参加考前辅导班？”，等等。总之，用词越简洁越好。

为什么这么说呢？因为标题用的语言越简洁，应该关注的问题就越明确。如果标题长到两句话才能说完，就很难从中抓住重点。对于需要解决的课题，应该尽可能用简单易懂的方式表现出来。

充分发挥大脑“回答问题的能力”

可能有读者对于我前面列举的那些例子都用“是否……”的疑问句感到有些奇怪。但其实用疑问句来做标题也非常重要。

这样做的原因很简单。疑问句相当于假设，属于没有明确答案的状态。而人类的大脑在面对提问时会自然而然地开始进行思考。比如，“应该如何对假设进行验证？”“这个问题是否真的有解决的必要？”“要想解决问题应该怎么做？”等。

当大脑开始思考“答案”的时候，我们的意识也会自然而然地集中在解决问题上，这样我们的思考就会变得更加敏锐，可以帮助我们更有效地解决问题。

在面对问题的时候，我们会在大脑里进行很多思考。比如，相亲时会想“和这个对象结婚真的好吗？”“要不要再仔细考虑一下？”“我真的应该结婚吗？”；找工作的时候会想“选择这家公司真的好吗？”“从事这个行业对自己来说是最佳的选择吗？”；等等。

我们的大脑所拥有的“回答问题的能力”远比我们想象的更加强大。因此，一个能够一目了然地揭示问题核心的疑问句标题就显得非常重要。

甚至可以说，是否能够想出一个好标题，决定是否能够想出最佳的解决方案。

逻辑思考的笔记术 2

将笔记本的页面三等分

全力以赴地“输入”

要想成功地解决问题，首先要做的就是尽可能多地收集信息。工作相关的信息可以向上司、前辈、同事等征求意见和建议。如果以前有类似的问题出现，通过了解以前的解决办法或许能够给现在建立假设提供一些帮助。

在这个时候最重要的就是“输入”。仅凭自己掌握的知识，恐怕不足以找出能够真正解决问题的方法，也就是“成果”。

但收集的信息越多，烦恼也会随之而来。“信息要收集多少才够？”“如何对这么多的信息进行整理？”“从这些信息中应该提取出什么内容？”……

接下来我就将为大家介绍能够解决上述烦恼的思考方法。

利用“Where”“Why”“How”进行思考

首先，将笔记本的页面三等分，在每一栏中分别用来记录“Where”“Why”“How”。

在“Where”（问题在哪里）栏中，尽可能多地写出导致问题出现的要因。比如针对“某产品销量不佳”这个问题，收集到“城市地区的销量不佳”“量贩店的销量没有达到预期”“新用户数量减少”等信息。

收集到足够的信息后，就会发现“产品已经过时”“陷入激烈的价格战中”“促销不足”等“Why”（原因）。从而想出“推出新产品”“降价”“强化促销手段”“从市场撤退”等“How”（对策）。

像这样将收集到的信息分成三类，就能对思考进行更加具体的整理。

需要注意的是，在笔记本上要明确地将定义问题的“Where”写出来。只要找出问题的所在，原因和对策也会自然地浮现出来。然后只要对信息进行整理，就可以让思考朝着解决问题的方向发展。

使用“空、雨、伞”的框架

麦肯锡的管理顾问还有一个常用的框架，那就是“空、雨、伞”的思考方法。最近这个方法被广泛地应用于商务活动的各种情景中，相信大家对此也应该有所耳闻。

“空、雨、伞”的思考方法就是将信息按照“事实”“解释”“行动”来进行分类的方法。用更简单的话来说，空就是“现状”，雨就是“意义”，伞就是“结论”。

“空”指的是把握客观的“事实”，就是“现状”。早晨出门的时候发现天空阴云密布，就算家人说“今天是晴天”，也不能完全相信，而是要用自己的眼睛来确认事实。也就是说，要养成冷静地把握事实的习惯。

“雨”指的是“解释”，就是“事实的意义”。大清早天空就阴沉沉的，说明可能要下雨。那么“马上要下雨”就是你对这个现象做出的解释。也就是说，要养成不被周围影响，自己做出最合理解释的习惯。

“伞”指的是“行动”，就是“结论”。根据事实和解释做出带雨伞出门的判断。当然，也有的人会带雨衣，或者选择换一个时间出门。

在这个时候需要注意的是，不能总觉得“只要带伞出门就不会下雨”。只要保持逻辑思考对假设进行验证，就一定能够得出正确的结论。

从顾客、竞争对手、自己的角度分别进行思考

除了上面介绍的两种方法之外，还有一种被称为“3C”的概念。这是从市场营销的角度，分别站在“顾客”（Customer）、“竞争对手”（Competitor）、“自己”（Company）的立场上对事物进行思考的方法。

以相亲为例，假设现在的问题是“我（自己）是否应该结婚？”，如果自己对顾客（结婚对象）来说有“魅力”，对方就会同意结婚。

但在这种情况下并没有考虑到竞争对手（情敌）的存在，也就是思考中存在遗漏。

此外，还应该考虑对方的需求。如果对方理想中的对象是像模特那样拥有完美的身材，或者家里很有钱的女性，自己不符合这些条件的话，那从一开始就应该选择放弃。换成企业开创新事业方向的例子来看，就是顾客数量少、无法发挥自身技术优势的领域就不应该进入的意思。

不管什么样的框架，如果在思考中出现遗漏都毫无意义。但通过笔记思考，可以帮助我们在对信息进行整理时不会出现重复和遗漏，从而找出最佳的解决方法。

逻辑思考的笔记术 3

利用图表实现可视化

利用笔记本将解决问题的过程结构化

前文中提到，解决问题的笔记术的第一步，就是在写出标题之后，将能想到的要素全都逐条罗列出来。

但是，解决工作问题最终需要将多种多样的信息综合起来制作出一份完整的资料提交给客户。在这个时候，简洁且顺畅的表述就显得非常重要。

在这种情况下，我们必须时刻保持将信息“总括化”的意识。总括的意思是“总结”“概括”。

收集“事实”和“理由”并提出“提案”是管理顾问的职责。为了顺利地向顾客提出提案，就必须将信息整理成结构化且通俗易懂的形式。

所谓结构化，其实并不是多么复杂的东西。比如“罗列式”的信息整理方法也属于结构化。

罗列式就是首先将自己想要表达的信息作为标题写在最上方，然后在下面按照“结论（假设等）”→“现状的事实、根据”→“解释、意义”等顺序将信息整理出来。

这样的“总括笔记”不仅可以帮助我们明确解决问题的流程，还可以将其直接作为说明时的图表来使用，可谓是一举两得。

加入图解和图表的好处

在利用麦肯锡笔记术解决问题的时候，加入图解和图表可以更高效地解决问题。

图解与图表的好处之一是可以作为有效的确认手段。除了看起来一目了然外，图解和图表还可以让我们更容易发现思考是否存在“遗漏”或“重复”。

正如前文所述，在我们寻找解决办法的过程中，可能会因为专注于思考对策，而忘记了最初的问题究竟是什么。

但图解不但可以帮助我们加深对问题的理解，还可以发现新的问题，使我们能够更加迅速且具体地找出解决问题的方法。

除此之外，掌握图表的用法还可以提高我们制作PowerPoint的能力，使我们能够更轻松地在社交媒体上发表文章，得到更多人的赞赏。

什么是“金字塔图表”

适用于麦肯锡笔记术的图表有许多种类，其中最简单易懂的当数“金字塔图表”。

最简单的金字塔图表只需要在最上方的标题位置写出作为关键词的信息，然后在下方写出理由和作为根据的事实等内容即可。

如果用于支撑结论的事实经不起推敲，那么理由和信息（提案）就很难说服对方。通过金字塔图表可以一目了然地发现上述问题。

在向他人进行说明时，也需要像写文章一样有“起承转合”。从这个意义上来说，金字塔图表是最容易把握论点的类型。

将主张、理由、根据这三个要素像金字塔一样从下到上相互支撑地堆积起来，形成一个金字塔形结构。要想让这个结构稳固，论点就不能出现丝毫破绽。一旦理由和根据出现了问题，整个金字塔都会随之崩塌。如果将这个结构看作是解决问题的“骨骼”，应该更易于理解。

我在第一章中提到过“一页一条信息”，在使用金字塔图表之类的框架时也应该做到“一个图表一条信息”。如果在一个图表中说明太多的问题，就会使框架变得过于复杂，让读者难以把握你最想表达的信息是什么。

接下来，让我们以“应该进军××市场”这个假设为例进行思考。

支持这个假设的理由包括“市场潜力”“竞争对手少”“能够充分发挥自身的技术实力”等。“市场潜力”的根据是“很受年轻人欢迎”“发展迅速”。“竞争对手少”的根据是“在国内属于新领域”“需要掌握特殊的技术”。“能够充分发挥自身的技术实力”的根据是“自身拥有高水平的技术”“拥有丰富的经验”。

利用金字塔图表将上述内容一层一层地表现出来，能够增强说服力，使你的提案更接近客户（上司）期待的解决方案。

在日常生活中，也可以通过养成将思考结构化的习惯，高效地解决遇到的任何问题。这样一来你会更容易说服别人，也会得到周围人的信赖。

看完上述内容之后，大家是不是感觉图表比单纯的文字更容易让人把握问题的结构呢？是否觉得取得成果也变得更加容易了呢？请大家一定要尝试一下这个最有效同时也是最优质的解决问题方法。

金字塔图表

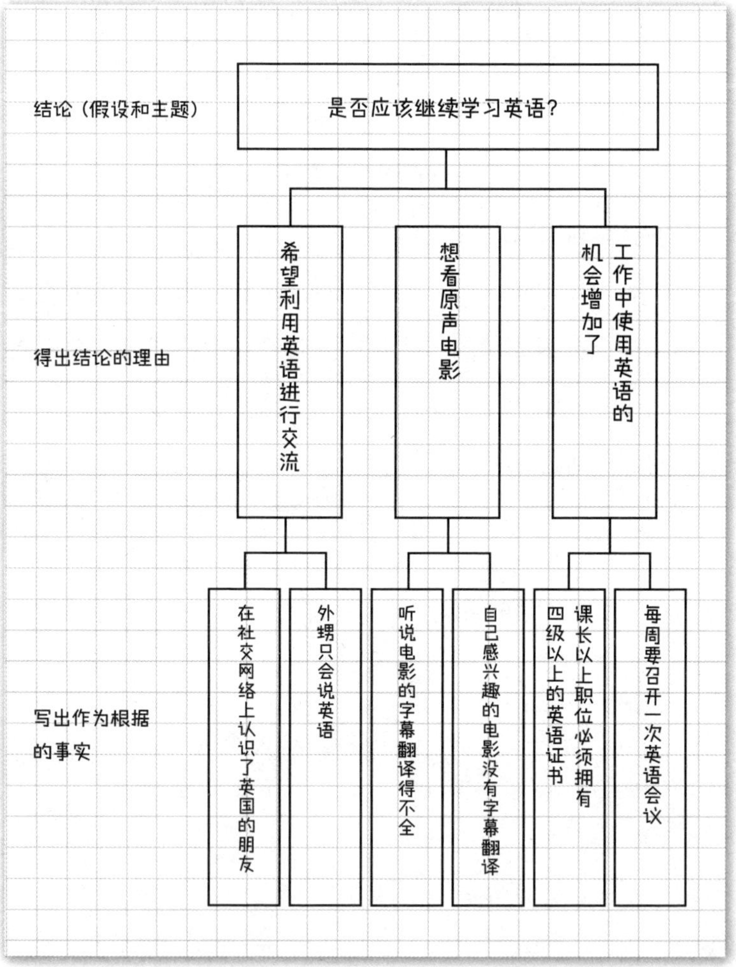
结论（假设和主题）
是否应该继续学习英语？
得出结论的理由
希望利用英语进行交流
想看原声电影
工作中使用英语的机会增加了
写出作为根据的事实
在社交网络上认识了英国的朋友
外甥只会说英语
听说电影的字幕翻译得不全
自己感兴趣的电影没有字幕翻译
课长以上职位必须拥有四级以上的英语证书
每周要召开一次英语会议

逐条列举的总括笔记

客户来童装店的需求是什么？	结论 “童装量贩店需要有大型商超一样的便利性和安全感” 事实、根据 · 虽然开展了品牌战略，但顾客并不买账 · 希望通过接待的品质实现差异化，但给员工造成了巨大的负担 · 为了提高品牌知名度而投入大量的宣传费用，但销量并没有因此得到提高 解释和意义 · 与品牌相比，顾客更看重材料的品质和安全性 · 通过配合顾客需求改变商品的陈列，不仅提高了顾客购物时的便利性，还极大地减轻了员工的负担 · 向顾客宣传商品的安全性和店铺的舒适性，可能会提高销量

逻辑思考的笔记术 4

最后用 30 秒做总结

将问题点更具体地表现出来

在前文中，我为大家介绍了许多解决问题的笔记术，比如找出什么是真正的问题并建立假设，将得出假设的论点结构化的重要性，利用图解化防止最终的成果出现重复和遗漏，等等。

想必有许多读者已经开始进行利用笔记术解决问题的实践了。你是否将问题具体且准确地总结在笔记本上了呢？你对解决问题的步骤是否有正确的理解？接下来就让我们一起来测试一下吧。

挑战“电梯测试”

大家有没有听说过著名的“电梯测试”呢？具体内容就是利用30秒或1分钟的时间，将问题点对他人进行说明。也就是用语言将自己的想法表达出来。如果你能做到让对方充分理解你的意思，那就说明你也准确地把握了问题的核心。

为什么时间要限制在30秒或1分钟之内呢？因为即便是摩天大楼，电梯从1楼到顶楼的时间最多也不会超过1分钟。如果是每分钟200米的高速电梯，那么从1楼到30楼只需要30秒的时间。而我们要做的，就是在搭乘电梯的这短短30秒到1分钟的时间里，将自己的信息传达给对方。

可能很多人都觉得“在30秒到1分钟的时间里将一切都说明白是不可能的”，“如果没有接受过特殊的训练肯定做不到”。

请大家想象一下和自己完全不认识的人一起搭乘电梯时的情景。两个人都沉默不语的话，会感觉时间过得很漫长。可能有人觉得30秒只是一眨眼的时间，但实际上30秒的时间足够播放两条片长15秒的电视广告。

两条广告能够传达两条产品信息。如果你真的把握了问题的重点，也就完全可以在30秒的时间里将想要传达的信息表述出来。

迅速且简洁地将信息传达出去的能力，在商务活动中具有非常重要的意义。在开会时如果喋喋不休地说个没完，很有可能会拖慢工作的进度。

客户可能是在百忙之中特意抽出时间与你见面听取解决方案，如果你能够迅速且准确地进行说明，就可以极大地提高客户对你的评价，对今后的合作一定也大有帮助。

对思考进行整理，就能顺利地进行说明

假设我们现在要对“应该进军××事业”进行说明。大家可以自己计时来测试一下用了多少时间。

“我认为我们公司应该立刻进军××事业。因为这个市场正在飞速发展，今后需求可能会进一步扩大，是一个很有吸引力的市场。我们公司在这一领域能够充分发挥自身的技术实力

和开发实力。因为其他竞争对手很少，如果我们现在进军这一领域，就能够在一两年的时间内获得市场份额第一。公司的业绩也能因此得到提升。”

怎么样，是不是连30秒也没用完，就将应该进军新事业的理由都说清楚了？

当听完你的说明之后，如果对方给出了肯定的答复，那就说明你确实准确地把握了问题点，而且对思考也进行了充分的整理。如果对方觉得“似乎还缺乏一些说服力……”，就再补充一些资料。

如果能做到准确把握问题点，立刻找出事实和根据，那么不管面对什么样的问题（“想结婚”“想考资格证书”“想买房子”），都能找到顺利解决的突破口。

在本章中，我为大家介绍了将麦肯锡的逻辑思考和解决问题的流程完美地结合在一起的笔记术。当然，要想完美地解决问题绝非一朝一夕就能够实现。麦肯锡的管理顾问也是在不断失败和尝试中，通过实践最终找出最佳的解决办法和改善方案。

此外，本书中介绍的技巧不仅适用于工作，还同样可以用来解决生活中出现的各种问题。正所谓“技多不压身”，希望大家能亲自尝试一下。

专栏 2

盲人摸象

有一天，在一个全是盲人的村子里来了一头大象。村里的盲人觉得这头大象太碍事，商量如何将它赶走。首先，他们分别摸了摸大象，思考这究竟是个什么东西。有的人摸到了大象的脚，就说“这是一个柱子”，有的人摸到了大象的鼻子，就说“这是一条蛇”，摸到尾巴的人说是绳子，摸到耳朵的人说是蒲扇，摸到身体的人说是一堵墙。

这个故事很好地诠释了把握事物整体情况的重要性。同时，也说明了目标意识的重要性。如果以为大象是一个柱子而用锯子去锯象腿，肯定会很危险。如果以为大象是一条毒蛇而不敢接近，问题就永远也得不到解决。只有把握整体情况并带着目标意识去思考，才能想到“请一个驯兽师来将大象带走”这种最佳的解决办法。

第三章

整理思考的笔记术

利用“So What？”对思考进行整理

让信息变得更有价值的提问

假设你是食品销售公司的员工。你的上司要求你调查自家两款新产品的销售情况。经过调查后，你获得了“A销量很好，B销量不佳”的信息。那么，你要如何将这个信息表述给上司呢?

在麦肯锡，只表述事实肯定不行。在绝大多数情况下，如果你只表述了事实，对方肯定会追问：“造成这一事实的原因是什么？”

麦肯锡的管理顾问经常会对收集到的信息提出“然后呢？”“想要表达什么？”“真正的问题是什么？”“为什么会发生这种事？”“怎样才能解决呢？”之类的问题。换句话说，单纯的数据和想法没有任何意义。

利用多种思考框架对信息进行分析，使其变成有助于解决问题的“有价值的信息”非常重要。要想做到这一点，“So What？”（然后呢？）和“Why So？”（为什么？）的提问十分有效。

让我们再回到刚才的例子。不管销量是好是坏，接下来都需要采取相应的对策。为了找出解决办法，可以使用“So What？”（然后呢？）和“Why So？”（为什么？）的提问。

“A产品销量很好”

“Why So？”（为什么？）

→不分年龄和性别的许多顾客群体都会购买

“So What？”（然后呢？）

→应该想办法增加产量

“B产品销量不佳”

“Why So？”（为什么？）

→50岁以上的顾客群体对产品的认知度太低

“So What？”（然后呢？）

→针对50岁以上的顾客群体进行促销活动

没有经过“So What？”（然后呢？）和“Why So？”（为什么？）锤炼的信息，属于价值比较低的信息，难以从中发现问题，更谈不上找到解决问题的突破口了。即便在麦肯锡之外的地方，恐怕也没有多少上司和客户能对这样的信息感到满意。

利用“So What?”（然后呢?）和“Why So?”（为什么?）对思考进行整理，就能接近问题的本质，找出有助于解决问题的信息。

明确因果关系

提问“So What?”（然后呢?）和“Why So?”（为什么?）的另一个意义在于可以明确“因果关系”。事实上，为了解决问题而用“笔记本”锻炼思考这种麦肯锡式的工作方法，换一种说法就是“找出事物之间的因果关系”。

因果关系指的是直达问题本质的最直接的原因，是解决问题的关键。在思考因果关系的时候必须注意的一点是“相关关系”。一个问题可能存在着许多与之相关的关系，虽然相关关系也属于要因，却并不是直接原因。针对相关关系的解决办法并不能真正地解决问题。

在这种情况下，就需要提问“So What？”（然后呢？）和“Why So？”（为什么？）。因为这两个问题可以帮助我们找出因果关系。

让我们以“雨天公交车需要等待的时间长”这个问题为例思考一下因果关系。首先将我们认为是原因的两个要素写出来。

① 雨天公交车的行驶速度慢

② 雨天乘客比较集中

哪一个是导致公交车容易晚点的直接原因呢？为了回答这个问题，就需要用到“So What？”（然后呢？）和“Why So？”（为什么？）这两个提问。

① 雨天公交车的行驶速度慢→So What？（然后呢？）→比平时抵达车站的时间晚→Why So？（为什么？）→可能因为乘客数量多，所以速度慢。

从上述内容中能够看出因果关系吗？最后的结论只是个人的猜测，无法判断出公交车容易晚点的直接原因。当然，这样的结论也无法得出解决问题的答案。像这样利用“为什么？”

的提问进行思考时，如果思考陷入僵局，就说明这条线索无法解决问题。

② 雨天乘客比较集中→Why So?（为什么？）→乘客预测公交车需要等待的时间长，所以都赶到前一趟车次→So What?（然后呢？）→乘客集中，雨伞等其他物品增加导致上下车时间增加→So What?（然后呢？）→公交车需要等待的时间长。

这样的思考流程没有出现僵局，雨天公交车容易晚点的原因和结果一目了然，也更易于制订解决问题的对策。

整理思考流程，得出解决问题的结论

利用“So What？”（然后呢？）对思考进行整理的方法也可以应用于日常的生活中。比如你想踢足球，认为“如果不花时间练习就无法提高球技”。但这个问题中关于“练习什么”和“为什么要做这种练习”的要因与根据过于笼统，难以得出具体的解决办法。

让我们试着用“So What？”（然后呢？）来进行提问。

如果不花时间练习就无法提高球技→So What？（然后呢？）→对射门技巧进行练习很有必要→So What？（然后呢？）→必须针对远射、近射、头球和任意球进行练习→So What？（然后呢？）→为了掌握这四种射门技巧，至少需要每天进行50分钟的练习。

像这样将思考的流程整理出来之后，就能得出解决问题的结论。通过有效的练习，球技一定能够得到提高。

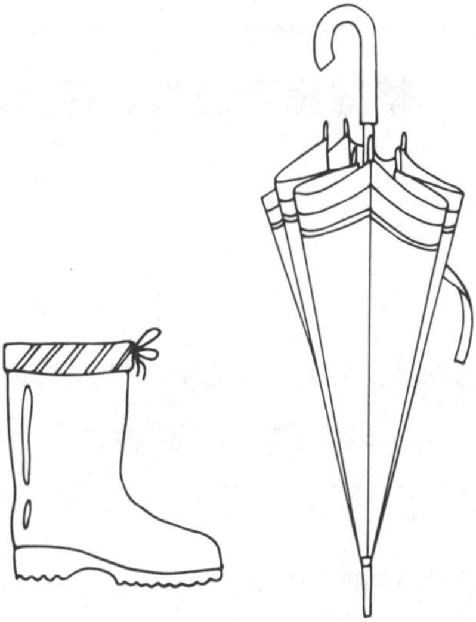

“So What？”“Why So？”的思考

雨天乘客集中导致公交车需要等待的时间长	为什么雨天公交车需要等待的时间长？ 雨天乘客增加 ↓ Why So？ ↓ 乘客预测公交车需要等待的时间长，所以都想赶前一趟车次 ↓ So What？ ↓ 乘客集中，雨伞等其他物品增加导致上下车时间增加 ↓ So What？ ↓ 上下车时间增加导致公交车需要等待的时间长

整理思考的笔记术 1

建立假设的重要性

一切从假设开始

正如我在本书中反复强调过许多次的那样，使用笔记本的目的是解决问题。因此，我们在使用笔记本的时候要时刻保持假设思考的习惯。换句话说，解决问题的一切都从假设开始。

所谓假设，指的是在尝试解决问题时针对“问题”的“暂时回答”。但对麦肯锡的管理顾问来说，即便只是暂时的回答，也绝不能是随意提出的想法，而是必须符合逻辑的回答。

可能有人会想：假设不就是收集信息、对信息进行分析后想出的对策吗？为什么一定要第一次就提出正确答案呢？

假设你要解决A产品销量不佳的问题。首先，你要收集A

产品以及相关产品的市场信息；其次，等待着你的将是海量的信息。或许很多人都有过这样的经历。

在当今这个信息爆炸的时代，收集信息可以说是一件永无止境的工作。但即使花费大量时间收集到很多信息，也可能仍然无法从中找出真正的问题，自然也无法得出正确的解决办法。结果不但自己失去了干劲，而且工作的效率和品质也都会大幅降低。

为了防止出现这种情况，朝着正确的方向解决问题，就必须建立假设。寻找导致目前情况的“真正的问题”是什么，然后提出解决这个问题的“暂时回答”，以此为基础收集信息并进行分析。这样才能准确地把握问题和解答，提高工作的效率。

通过假设发现“真正的问题”

接下来我将为大家介绍一个通过假设发现“真正问题”并解决问题的例子。

我做管理顾问的时候，有一个工作现场出现了一个“很容易导致员工摔倒受伤的楼梯”。虽然这家企业对楼梯采取了一些防止人员摔倒受伤的措施，但员工摔倒受伤的事故仍然频繁发生。

于是，我从“员工们的目的是什么”的假设开始思考解决问题的方法。员工们之所以明知危险却仍然要在楼梯上小跑，是因为“希望尽快将零件送到下一道工序”。在这种情况下，真正的问题就不是在楼梯上小跑，而是“作业线路”的设计。最终，我提议让企业对员工们的作业线路进行改善。改善后，新的作业路线没有楼梯了。

真正的“解决问题”，不是只解决眼前的问题，而是思考应有状态。通过假设发现问题的本质，比如：“是什么问题导致没有实现这种状态？”“怎样才能避免这个问题？”

然后，就能彻底地解决问题。因此，一边思考假设一边对思路进行整理，发现“真正的问题”和“问题的本质”是最重要的。

真正的问题是看不见的

大家需要注意一点，那就是解决问题中的“问题”，其实分为两种。

假设你所属的销售部门业绩难以提升，你负责解决这个问题。通过对销售部门的其他同事进行咨询，你发现了如下的问题：

- 新产品的销量不佳
- 无法开拓新客户
- 对业绩的激励政策太少
- 销售人员积极性低下
- 新产品推介会的参会人数太少

确实，上述的这些全都属于“问题”。但将这些“问题”全部解决掉，销售部门的业绩就会好转吗？

虽然新产品的销量不佳，但老产品的销量没什么问题。由此可见，你所属的销售部应该继续保持对客户的服务水平，并以此为优势来提高销量。如果将精力全放在推广新产品和开拓新客户上而忽视了对老客户的维护，反而可能导致现有客户的流失。

根据“自己最应该做什么”来建立假设，才能避免被眼前的问题蒙蔽双眼，找到真正的问题。

在这种情况下，课题是提高销售部的业绩。你所属的销售部最应该做的，是努力维护现有的客户。业绩难以提升的原因，可能是因为没有维护好现有的客户。

也就是说，这个课题的真正问题是：“销售部的优势何在？”因此，建立的假设是“应该加强销售服务，满足现有客户的需求”。

通过对其他同事的咨询，发现的问题大多是已经发生的“能看见的问题”。这些问题虽然解决起来比较容易，但因为并没有解决“真正的问题”，所以是治标不治本。

与之相对的，思考“应有状态”的“问题”，就是直达本质的“真正的问题”。但这是“眼睛看不见的问题”，必须下意识地寻找才能发现。麦肯锡笔记术要解决的，正是这种眼睛看不见的问题。

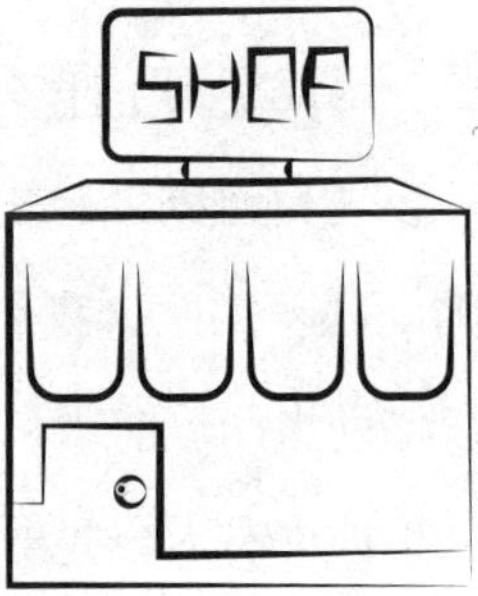

整理思考的笔记术 2

利用“Where”“Why”“How”整理思考

整理思考的第一步是将信息分类

我再强调一遍，要想解决问题，“把握真正的问题”的能力非常重要。

为了找出“真正的问题”，需要先提出“假设”，然后收集信息。在麦肯锡，我经常请教前辈和专家“这种情况，真正的问题在什么地方”，也彻底翻阅了过去的资料来积累经验，因此学到了许多建立假设和解决问题的方法。

仅凭自己的经验去收集信息，容易出现内容不足和不全面的问题。因此，我们平时就要努力扩大自己的知识面，还可以借助上司、前辈和专家的力量来更有效地收集信息。

但或许有人会提出这样的疑问：

“应该收集多少信息？”

“应该怎样整理信息？”

“从整理后的信息中应该发现什么内容？”

我的答案是，利用“Where”“Why”“How”来对收集到的信息进行分类。这也是整理思考的第一步。

在思考“How”之前先思考“Where”“Why”

接下来，我为大家说明利用“Where”“Why”“How”对问题进行分类的方法。

“Where”指的是问题的所在，因此在这一类中应该放入的是“现象”。比如，在A产品销量不佳的情况下，销售渠道、销售场所、购买人群等都属于这一类。

“Why”指的是原因，与销量不佳有关的原因都应该归入这一类。

“How”指的是对策，提高业绩的方法都应该归入这一类。

但在对问题进行分类的时候，很多人都急于找出解决办法，而一味地思考“How”（对策），在笔记本上写的都是与“How”相关的内容。但在没有明确问题的根本“Where”以及问题的原因“Why”的情况下思考出来的“How”无法解决“真正的问题”。结果，问题还会反复出现。只要准确地把握了“Where”和“Why”，“How”自然而然就会出现在我们的眼前。

通过分类获取的信息

让我们将针对“A产品销量不佳”这一问题收集到的信息按照“Where”“Why”“How”来进行分类。

“关于A产品销量不佳的信息”

Where（问题在哪里）

东日本地区销量稳定

西日本地区销量急剧下跌

专卖店销量稳定

代理店销量不佳

回头客数量减少

Why（原因）

顾客对A产品审美疲劳

竞争对手推出了更好的新产品

A产品的功能下降

售货员未能表述A产品的卖点

店铺广告没有对A产品进行宣传

How（对策）

对A产品进行改善

加强售货员对A产品的说明能力

改变品牌战略

用以旧换新计划吸引回头客

直接撤出市场

接下来需要将上述内容中有关联性的信息结合到一起进行分析。“Where”中的“东日本地区销量稳定”和“专卖店销量稳定”似乎有关联。在“西日本地区销量急剧下跌”的情况下，东日本地区专卖店销量高可能是保证销量稳定的重要因素。

从上述内容中能够发现什么信息呢？那就是“要想解决A产品销量不佳的问题，东日本地区专卖店的销售方法可能会有所帮助”这个假设。

像这样将收集到的信息利用“Where”“Why”“How”来进行分类，将发现的重要因素逐条列出来，就可以将分散的信息点连成一条线，而这条线将引领你的思考走上正确的道路。

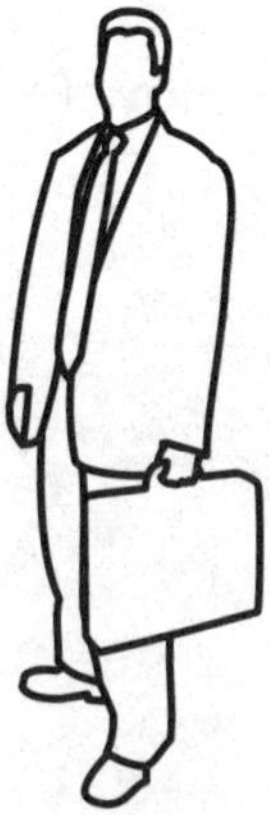

利用“Where”“Why”“How”对信息进行分类

Where	· 城市地区销量剧减
	· 乡村地区销量稳定
	· 专卖店销量微减
	· 量贩店销量稳定
Why	· 顾客对A产品审美疲劳
	· 陷入价格竞争
	· 价格没有优势，无法吸引顾客
	· 促销手段不足
How	· 应该开发新产品
	· 通过降价提高销量
	· 举办促销活动
	· 将A产品撤出市场

通过将信息分类建立假设

整理思考的笔记术 3

解决问题的 4 个步骤

把握解决问题的整体情况

麦肯锡的笔记术要解决的不是眼睛能够看到的问题，而是潜藏在现象和原因中的“真正的问题”。因为真正的问题看不见，所以尝试解决真正问题，就好像走在没有路标的森林中一样。“我在什么地方？”“这个方法没错吧？”“我应该朝哪个方向前进？”要想不被这些烦恼困扰，就必须严格按照解决问题的流程来工作。也就是说，不能只看到眼前的情况，而是要把握整体的情况，根据事物所处的情况来思考解决办法。

在介绍“逻辑思考的笔记术”的时候，我曾经提到过解决问题的基本步骤是“设定问题与确定论点”→“整理课题并结构化”→“现场调查”→“建立假设”→“验证假设”→“确定解决方案”→“执行”。

只要按照上述步骤思考假设，对什么是真正的问题、什么是最重要的课题进行深入的挖掘，就能实现目标，即解决问题。

解决问题的4个步骤

前面介绍的解决问题的流程，可以归纳为4个步骤。

步骤1 真正的问题是什么?

步骤2 假设是什么?

步骤3 验证假设。

步骤4 整理成果，即制作报告资料。

在不同的步骤中，笔记本的使用方法也各不相同。

步骤1 使用笔记本找出“真正的问题”。

步骤2 使用笔记本提出“假设”。

步骤3 使用笔记本对“假设”进行验证。

步骤4 使用笔记本提出“解决方案”。

只要理解了上述解决问题的4个步骤，就能把握每个步骤中使用笔记本的关键。

步骤1 利用“Where”“Why”“How”对信息进行整理

在这个步骤中，需要利用笔记本找出“真正的问题”，也就是将焦点集中在收集有助于找出真正的问题的信息上。

比如针对“A产品销量不佳”这个情况，有许多与之相关的信息，必须从这些海量的信息中找出导致销量不佳的“真正的原因”。

此时，就需要利用“Where”“Why”“How”对收集到的信息进行分类和整理（具体内容请参考《整理思考的笔记术2》）。

对信息进行分类和整理之后，就会使我们很容易发现信息之间的关联性。将这些有关联的信息写出来，对提出准确的假设很有帮助。

步骤2 利用“空、雨、伞”来进行分类

步骤2需要利用笔记来建立假设。在建立假设的时候可以使用“空（事实）→雨（解释）→伞（行动）”的框架（请参考《逻辑思考的笔记术2》）。

仍然以“A产品销量不佳”为例，根据在步骤1中得出的“要想解决A产品销量不佳的问题，东日本专卖店的销售方法可能会有所帮助”这一假设，利用“空、雨、伞”的框架对“A产品在乡村专卖店的销售方法”进行分类。

在这个步骤使用笔记本时的关键在于标题，将可能是假设的内容以具体信息的形式写出来。在这个例子中，标题可

以是“如何提高A产品在乡村地区的销量？”这样的疑问句（参考第107页）。

思考发展顺序

在建立假设之后进入步骤3之前，还需要做一件事。那就是以假设为基础，思考一直到执行解决方案为止的发展顺序。这样我们才能在步骤3对假设进行更加精准的验证。

这并不是什么难事，就像写电影脚本一样，将解决问题的流程在笔记本上写出来即可。

确定发展顺序之后，接下来就是制作解决问题的整体设计图。一边想象最后的成果，一边思考如何将理由和根据适当地表现出来（报告、图表）。

这样一来，我们可以尽早明确最终目标，更高质高效地推进作业，最终取得更有说服力的成果。

步骤3

利用提问列表来进行调查

在步骤3中，我们需要使用笔记对假设是否成立进行验证。验证的方法有很多，但最基本的办法是去现场进行调查。

在这个时候，关键在于制作“提问列表”。提问列表中的提问必须与“Where”“Why”“How”这三个要素有关，否则验证就失去了意义。如果得到的答案没有任何矛盾，就证明假设是正确的，执行解决方法的时候一定能够取得效果。

为什么要这样进行验证呢？当我们尝试解决问题的时候，很容易在急于求成的心理因素影响下直接思考“How”，结果导致在没有找到真正的解决办法之前就开始着手解决问题。

这种现象在解决问题的实践中十分常见。如果你问店员：“A产品为什么销量不佳？”对方给出的回答大多是“功能太少”“价格太高”等表面原因，而没有接近问题的本质。至于解决办法，也多是“降价”“增加功能”“更换产品”等治标不治本的方法。

步骤4

总括笔记

步骤4需要利用笔记来取得成果。

可能有人会问："用笔记就能取得成果吗？"其实准确地说，应该是带着成果意识使用笔记本。

为什么要带着成果意识使用笔记本呢？当面对"A产品销量不佳"这个问题的时候，首先要收集大量的资料和数据，然后对其进行分析，但接下来很多人都发现自己不知道应该怎么制作一份具有说服力的资料。出现这种烦恼的人都有一个共同点，那就是直接坐在了电脑前。

麦肯锡的管理顾问们在整理最终的资料时，绝不会直接坐在电脑前。他们首先要利用笔记本对思考进行彻底的整理，构思发展顺序，描绘图表，最后才是在电脑前制作资料。

没有什么特别的秘籍，只是将我前文中介绍过的笔记术应用在各个步骤中。

从步骤1的笔记本的使用方法中，就能看到最终成果的雏形。因此，我们才能高质高效地取得具有说服力的成果。

通过分类来导出假设

如何提高A产品 在乡村地区的销量?	A产品在乡村地区专卖店的销售方法 事实——空 对每位顾客的接待时间比量贩店更长; 店员能够解答顾客的问题; 有目标产品的顾客很多; 为购买特价产品而来的顾客很少。 解释——雨 大多数顾客希望得到认真接待; 准确解答顾客的问题能够提高顾客的购买欲望; A产品的忠实顾客很多。 行动——伞 加强乡村地区专卖店的销售力度，增加A产品的销量。

专栏 3

“7S”

在对组织进行分析时，需要用到“7S”的框架。这个框架常用于组织改革、对竞争对手进行分析以及考虑是否跳槽的时候。

硬件的“3S”

- Strategy（战略）：为了增加事业优势而制订的计划。
- Structure（组织结构）：管理体制、部门职责分配等。
- System（系统、制度）：经营计划、人事评价等。

软件的“4S”

- Style（组织文化）：经营方式、传统等。
- Skill（技能、能力）：组织的优势。
- Staff（人才）：人才的能力、经验、潜力。
- Shared value（共同的价值观、理念）：组织的愿景、目标。

只要通过“7S”对企业进行分析，就能发现隐藏在企业表面之下的优势以及企业是否适合自己。

第四章

整理心灵的笔记术

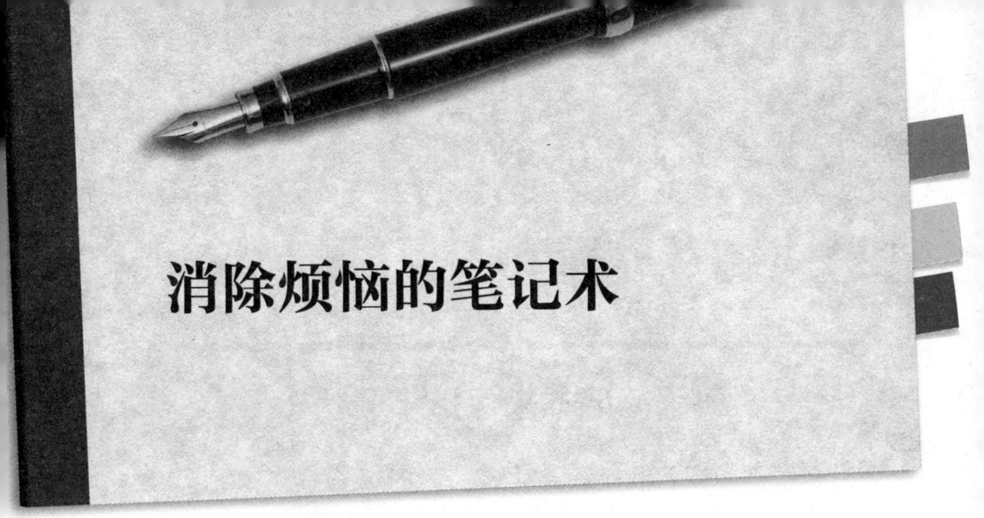

消除烦恼的笔记术

保持情绪的平衡

有时候，不管我们怎么用笔记术将问题结构化，努力地进行逻辑分析，却总是不顺利：想不出正确的假设，找不到正确的框架，把握不住正确的前提。之所以会出现这样的情况，大多是因为我们出现了烦恼的情绪，情绪处于不平衡的状态。如果在这种状态下继续工作，就很有可能出现失误，使得工作积极性下降，最终导致严重的失败。

保持情绪的平衡非常重要，这也是保证工作顺利进行的前提之一。当我们遇到烦恼想要找上司或前辈倾诉并寻求帮助的时候，往往因为工作繁忙而一直找不到机会，或者因为烦恼的内容涉及隐私，找心理医生的话经济上又负担不起。

利用笔记本来保持平衡状态

消除烦恼的笔记术可以帮助我们解决烦恼的原因，使思路变得更加清晰。不管是在工作中还是在生活中，只要感觉自己出现了烦恼，就请立刻拿出笔记本将烦恼写出来。不要进行筛选，将感到烦恼的事情全都写出来，比如，“对××感到很生气”“××应该怎么做才好呢”。在写的过程中，我们可能会对烦恼的内容进行判断，思考解决办法，但请控制一下自己，不要这样做。

将烦恼都写出来之后，请带着笔记本换一个地方。比如从室内换到室外的公园，或者从办公室换到咖啡馆。更换场所后，再次打开笔记本，站在另一个角度上重新审视刚才自己写在笔记本上的这些烦恼。把自己当作心理咨询师，思考如何解决笔记本上的这些烦恼。有时候你会想出非常好的解决办法，有时候会感觉自己充满了勇气。将想到的解决办法用自己喜欢的笔或者颜色写在另外的页面上。在思考和写出解决办法时，一定要让自己兴奋起来。

换个环境或者活动活动身体，都能够改变思路

这种笔记术的关键，就在于写完烦恼之后，换个环境或者活动活动身体。人在改变环境或者活动身体之后，思路也会发生改变。这种感觉就像是刷新了思路一样。在这种状态下重新审视自己的烦恼，就能够发现合适的解决办法，使情绪重新恢复平衡。

什么时候使用解决烦恼的笔记术

在我们日常的工作和生活中，任何人都会有烦恼。但我们往往因为各种各样的原因迟迟不去解决。“马上要到交付期限了，必须加班工作”“必须为拜访客户做准备”，每个人都为了生活不停地奔波。但正如我前文中介绍过的那样，如果带着烦恼去解决问题，就不能充分地发挥出自己真正的实力。因此，在开始解决问题之前，请先消除烦恼。这样的话，你一定能够取得完全不同的结果。

“排毒”的笔记术

反复出现的负面情绪

每个人在生活中都难免会遇到一些令自己感到不快的事情。这些事情往往出其不意地出现在我们的面前，有时候会给我们带来难以忍受的巨大伤害。

“上司将失败的责任推给了我。”

“因为犯了错误遭到同事们的取笑。”

“顾客总是提出无理要求。”

“与同事发生冲突，被对方破口大骂。”

“家人不理解我的想法。”

…………

当我们好不容易让心情平复下来之后，不知何时又想起这些事情，于是又感到非常愤怒和悲伤。在这些负面情绪反复出现的过程中，我们的心灵就会被负面的能量充满。虽然我们会尽可能地不让自己想起不开心的往事，但要想百分之百地忘记也是不可能的。不过，我们可以通过笔记术来将这些负面情绪排除出去，使心灵得到净化。这就是“排毒”笔记术。

“排毒”笔记术的使用方法

首先，准备一个纸张比较薄的笔记本或者便签，再准备一支黑色的笔；然后，把自己关在房间里，将愤怒和悲伤的情绪都写出来。书写的方法、时间和内容都由自己决定，总之就是将负面情绪全都宣泄在纸上。字迹潦草也没关系，“气死我了”“开什么玩笑，这个浑蛋”“下地狱去吧”，不管多么恶毒的内容都没关系，关键在于将心里的愤懑全都发泄出来。当全部发泄完毕之后，你就会发现自己的心情轻松了不少，而且也把自己从愤怒或悲伤等情绪的束缚中解放了出来。

写完之后，请将这张纸烧掉。据说发泄的情绪越强烈，纸张就越易燃。点火的时候一定要注意安全，最好在水源旁边操作。燃烧后的灰烬全都在卫生间冲掉即可。

情绪转移

将愤怒和悲伤等负面情绪写在纸上，相当于将负面情绪都转移到了纸上。如果继续保留这张纸，那么这种负面情绪就会对自己造成影响。如果这张纸不小心被别人看到，就可能把负面情绪传染给别人。当然，自己更不应该再去读纸上的内容，因为这样做只会让负面情绪再次苏醒。因此应该尽快将这张纸处理掉。如果实在没机会烧掉，就先放在一个密封容器里，之后找机会处理掉。

压抑情绪只会使自己更痛苦

有时候，我们明明有负面情绪，却故意对其视而不见。大家有没有过本来想大喊一声“开什么玩笑”，但最终还是忍住了没让情绪爆发出来这样的经历呢？这样的情绪在心底不断累积，产生的压力会对我们的精神和肉体造成伤害。当感到愤怒或悲伤的时候，请立刻用“排毒”笔记将负面情绪释放出来。

生活上的问题也可以通过笔记术来解决

工作的本质就是解决问题

不管任何工作，都是在解决问题。蔬菜店解决的是“晚饭没有蔬菜做食材”的问题，广告公司解决的是“没有合适的广告位和创意”的问题，政府交通部门的工作人员解决的是“道路损坏无法通行”的问题。销售负责人需要准确把握顾客的需求提出合适的方案，产品开发负责人需要设计出能够满足客户需求的产品。每个职场人都需要解决工作中遇到的任何问题。那么，只有在工作中才需要解决问题吗?

因为生活上的问题而烦恼的人

有的人虽然工作上一切顺利，却因为生活中的问题而感到非常烦恼。这些生活中的烦恼可能会影响到工作上的表现，甚至使情绪也朝着负面的方向发展。

生活中比较常见的问题包括恋爱、结婚以及家庭问题，这些问题看上去似乎和工作中的问题相差甚远，但其实在结构上十分相似。比如将恋爱问题放在3C的框架中去看，那么Customer（顾客）、Competitor（竞争对手）、Company（自己）就分别相当于喜欢的人、情敌和自己。

- 她很有魅力
- 喜欢她的人很多
- 自己和她之间几乎没有交集

在这种情况下，你和她之间发展为恋爱关系的可能性就很低。

- 她虽然很一般，但对自己来说很有魅力
- 喜欢她的人似乎不多
- 自己的价值观和她很相似，自己也很优秀

这样的话，你和她发展为恋人关系的可能性就很高了。如果有必要的话，还可以将问题进一步分解，进行更加深入的思考，利用笔记本解决恋爱问题。

家庭问题也一样。

- 父亲和妹妹之间缺乏交流
- 最近和父亲之间的交流也很少
- 父亲平时回来很晚，休息日也总是出门
- 父亲和母亲一说话就吵架
- 这几年从没有全家一起吃过饭

将事实都列举出来之后，就会发现以下的问题。

- 交流的时间太少
- 交流总是浮于表面
- 相互之间缺乏接触的机会

接下来，可以提出以下的假设。

- 为了增加交流的机会，全家定期一起出去吃饭

我们的人生就是在不断地解决问题。问题一个接着一个出现，很多大问题更是毫无征兆地出现在我们的眼前。但不管什么问题，只要通过笔记本进行整理之后，就能增加解决的可能性。将生活中的问题也当作工作项目来分析解决，或许会感觉更加轻松一些。遇到问题时请不要只顾着烦恼，试着用笔记本来加深思考，尝试解决问题，你的人生一定会变得更加充实、幸福。

练　习

框架1

金字塔图表	根据大量信息 得出结论

写出结论（假设）

写出得出结论的理由

写出作为结论根据的事实

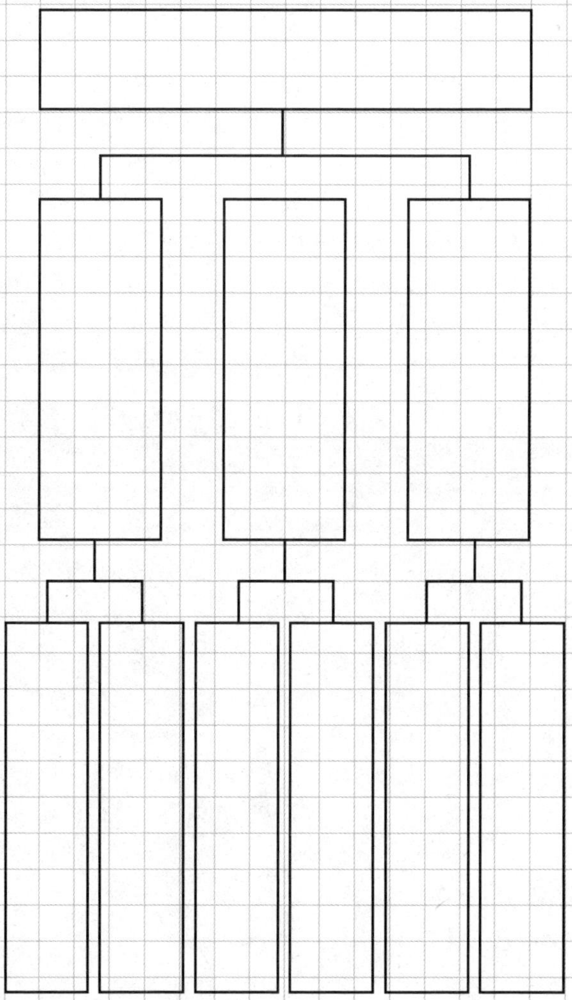

框架2

逻辑树	可以比较准确地推导出假设， 有助于发现问题、解决问题

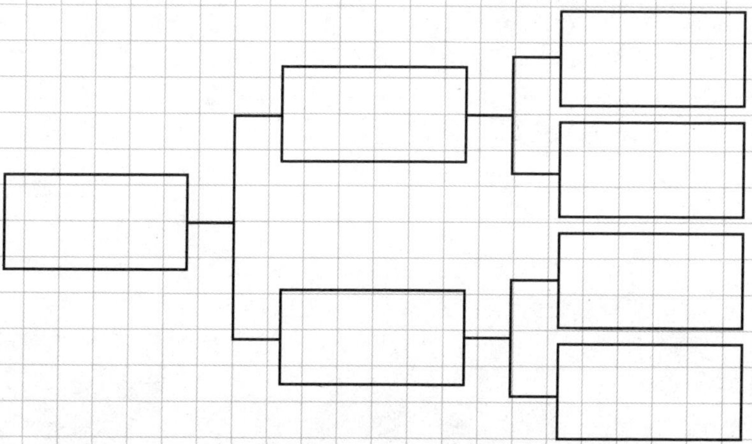

1. 写出问题　2. 利用“Why So？”进行追问　3. 继续用“Why So？”追问

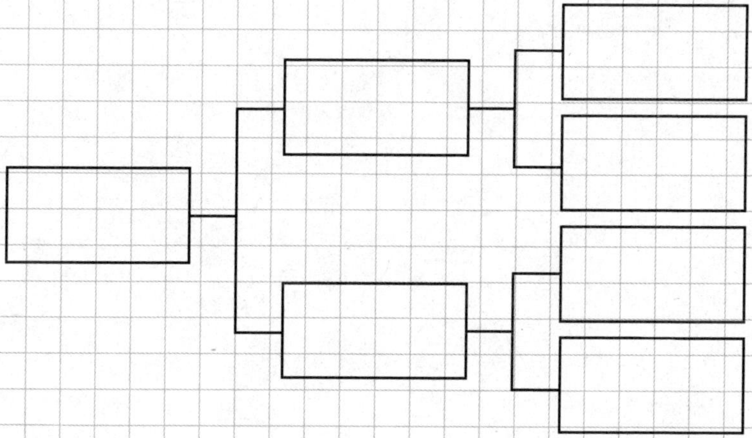

框架3

总括笔记	对主张及其理由和根据 进行总结与概括

写出标题	
写出主张	
总结理由与根据	1. → → → 2. → → → 3. → → →
写出参考资料与数据来源	

框架4

列举总括笔记	将结论及根据和解释 逐条列举出来

提出问题	结论 事实、根据 · · · 解释和意义 · · · 行动 ·

框架1

金字塔图表

根据大量信息
得出结论

写出结论（假设）

写出得出结论的理由

写出作为结论根据的事实

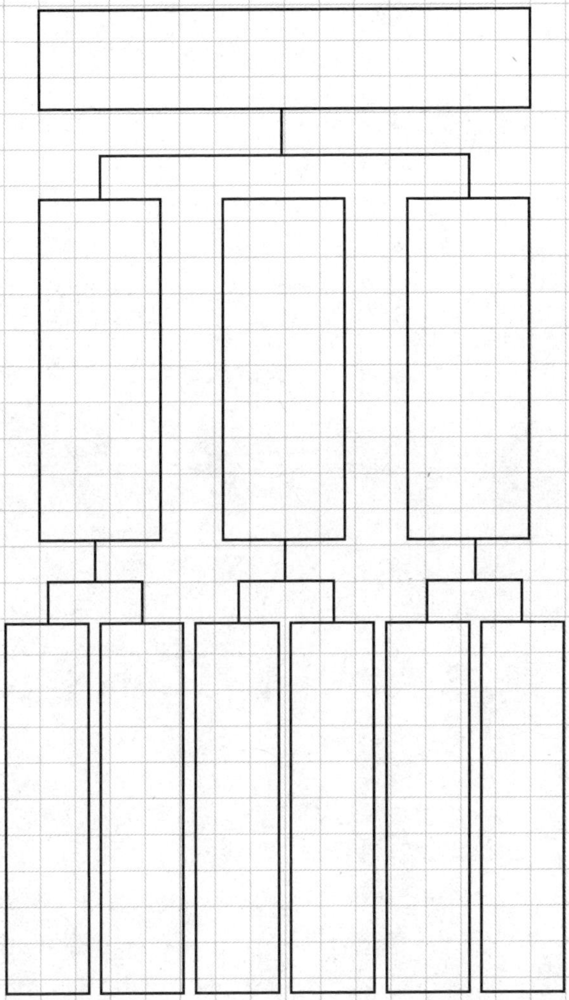

框架2

逻辑树	可以比较准确地推导出假设， 有助于发现问题、解决问题

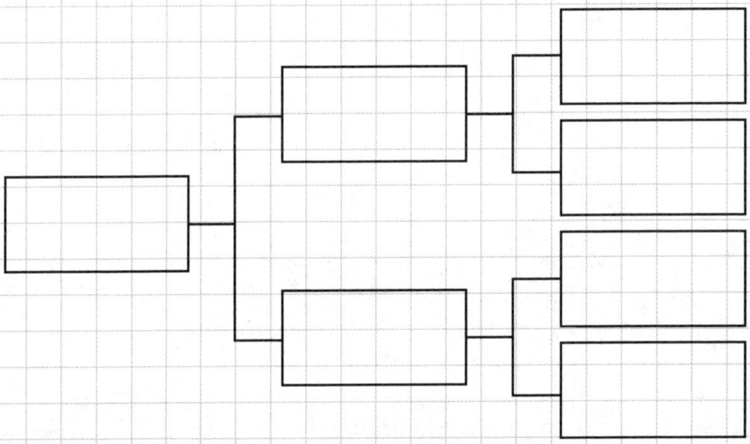

1. 写出问题　2. 利用“Why So？”进行追问　3. 继续用“Why So？”追问

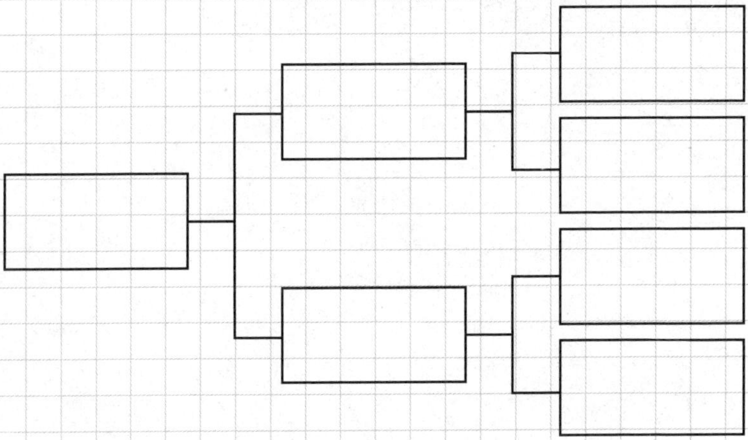

框架3

总括笔记	对主张及其理由和根据 进行总结与概括

写出标题	
写出主张	
总结理由与根据	1. → → → 2. → → → 3. → → →
写出参考资料与数据来源	

框架4

列举总括笔记	将结论及根据和解释 逐条列举出来

提出问题	结论
	事实、根据
	·
	·
	·
	解释和意义
	·
	·
	·
	行动
	·

NOTEBOOK